DIETER BRAUNSTEIN/KUNIBERT RAFFER (Hg.)

TECHNOLOGIE, BILDUNG UND ABHÄNGIGKEIT. DIE KULTURELLE DEPENDENZ DER ENTWICKLUNGSLÄNDER

Herausgegeben vom Verein Kritische Sozialwissenschaft
und Politische Bildung

Druck gefördert durch das Bundesministerium
für Wissenschaft und Forschung

ISBN 3-900351-25-2

Umschlaggestaltung: Julius Mende unter Verwendung zweier Fotografien „Schule in Westheim" aus Uwe Timm, Deutsche Kolonien, Autoren Edition München 1981. Wir danken dem Staatsarchiv Bremen für die freundliche Genehmigung des Abdrucks.
Druck: remaprint Druck- und Verlagsgesellschaft, Lange Gasse 42, 1080 Wien.

Dieter Braunstein/
Kunibert Raffer (Hg.)

Technologie, Bildung und Abhängigkeit. Die kulturelle Dependenz der Entwicklungsländer

Verlag für
Gesellschaftskritik

INHALT

Geleitwort

Nicht nur wirtschaftlich und politisch haben europäische Normen tiefe Spuren in den Ländern der Dritten Welt hinterlassen, sondern auch im Bereich Bildung, Ausbildung und Kultur. Die Bedeutung dieses Sektors, den man mit Kultur im weitesten Sinn bezeichnen könnte, nimmt gerade derzeit durch das immer größere Gewicht der Technologie in den internationalen Beziehungen sowie die fortschreitende Angleichung von Konsummustern zu. Am 29. und 30. November 1982 veranstaltete die Europäische Akademie Wien das internationale Symposion „Kulturelle Dependenz und internationale Beziehungen im Bereich Bildung und Technologie", welches sich ausführlich mit diesen aktuellen Fragestellungen beschäftigte.

Jahrhundertelang waren die kulturellen Beziehungen zwischen Nord und Süd nicht durch gleichberechtigte Zusammenarbeit gekennzeichnet, sondern durch Dominanz und Zerstörung autochthoner Lebensweisen. Diese Einflüsse, wie Übernahme fremder Verkehrssprachen und Bildungssysteme oder das Herabsetzen eigener kultureller Werte, haben sich als stabiler erwiesen als Mechanismen direkter Kontrolle. Daher weisen Sozialwissenschafter immer wieder auf die Bedeutung kultureller Abhängigkeit hin, die nicht nur die kulturelle Rückbesinnung verhindert, sondern auch die existierenden wirtschaftlichen Ungleichheiten legitimiert und verfestigt.

Aufgabe einer fruchtbringenden Zusammenarbeit mit Ländern der Dritten Welt wäre es daher, nach Formen gleichberechtigten Austausches kultureller Erfahrungen zu suchen und Technologien den Bedürfnissen der Bevölkerung, nicht jedoch diese den Technologien anzupassen. Gerade kleinere Länder wie Österreich, die nicht alle Interessen großer Industriestaaten teilen und selbst keine Großmachtsbestrebungen haben, wären geeignete Partner der Dritten-Welt-Länder, die ihre kulturellen Beziehungen diversifizieren wollen und nach neuen, gerechteren Formen internationaler Zusammenarbeit suchen. Es bleibt zu hoffen, daß die im vorliegenden Band veröffentlichten Referate des Symposions einen Denkanstoß hierzu geben werden.

Dr. Hertha Firnberg
Bundesminister
für Wissenschaft und Forschung

Einleitung

„Das Werk, welches die englische Rasse mit der Kolonisation Nordamerikas begann, wird weitergehen, bis jedes Land auf der Erdkugel, das noch nicht Träger einer alten Zivilisation ist, in seiner Sprache, seiner Religion, seinen politischen Gewohnheiten und Traditionen englisch sein wird; selbst das Blut seines Volkes wird schließlich zu einem großen Teil englisch sein ... Dieser Rasse, die sich so über die ganze Welt ausgedehnt hat, wird es ohne weiteres gelingen, die Vorherrschaft zur See und zu Lande zu behaupten ... Die Geschäfte in der gesamten Welt werden zu einem so großen Umfang in Englisch abgewickelt werden, daß ein jeder, welches seine Muttersprache auch immer sein mag, es für nötig halten wird, Englisch zu lernen oder seine Gedanken auf englisch auszudrücken*).

Dieses Zitat, das ohne weiteres durch viele ähnliche Aussprüche von Politikern, Händlern, Militärs, Missionaren, Siedlern und Abenteurern ersetzt werden könnte, zeigt recht deutlich die Einstellung typischer Imperialisten gegenüber der noch zu unterwerfenden Welt. Diese Unterwerfung, obgleich ideologisch verbrämt, hatte stets handfeste ökonomische und politische Gründe. So war die Sicherung von Rohstoffbasis und Absatzmarkt eine gängige Argumentation im Zeitalter des klassischen Imperialismus.

Wirtschaftlich aufstrebende Staaten, wie die Vereinigten Staaten oder das Deutschland Bismarcks, traten jedoch sehr bald für neue und effektivere Formen der Beherrschung ein, die man als informelle Herrschaft oder mit den Lateinamerikanern als dependencia bezeichnen kann. Hierbei spielt die kulturelle Abhängigkeit eine immer wesentlichere Rolle: diese Form der Kontrolle ist billiger als militärische Präsenz in formellen Kolonien und als Lenkung der Gedanken und Wünsche weitaus effektiver. Unter kultureller Dependenz fassen wir, in Anlehnung an die Dependencia-Richtung, die Bereiche Kultur im engeren Sinn, Bildung, Ausbildung und Technologie zusammen.

Das vorliegende Buch versucht die breite Palette des Phänomens der kulturellen Dependenz aus interdisziplinärer Sicht anzureißen.

---

*) John Fiske über die künftige Führungsrolle der Vereinigten Staaten von Amerika in der Welt, 1885, zitiert aus: W. Mommsen, Imperialismus, seine geistigen, politischen und wirtschaftlichen Grundlagen, Hamburg 1977, S. 200

Nach den ersten beiden, eher allgemein orientierten Beiträgen, folgen konkrete Fallbeispiele, die das Verhalten von Kolonialmächten historisch beleuchten, Probleme der Technologiepolitik aufzeigen und anhand Österreichs und der Europäischen Gemeinschaften gegenwärtige Probleme kultureller Abhängigkeit und internationaler Kooperation behandeln.

Der erste Beitrag von Kunibert RAFFER beschäftigt sich mit den ökonomischen Aspekten kultureller Abhängigkeit. Er stellt sie als vollendete Form der Beherrschung und wirtschaftlichen Ausbeutung dar, die mit dazu beiträgt, zu Lasten der Bevölkerungsmehrheit und einer eigenständigen Entwicklung Zusatzprofite aus der Dritten Welt zu schlagen. Sie konnte erst nach der Zerstörung funktionierender einheimischer Wirtschafts- und Sozialsysteme, und nachdem die peripheren Wirtschaften auf die Zentren ausgerichtet worden waren, errichtet werden.

Keineswegs auf Entwicklungsländer beschränkt, ist die kulturelle Abhängigkeit somit eine Phase in der Expansion des Wallerstein'schen Weltsystems.

Die Probleme, die das koloniale Erbe im Bildungsbereich aufwirft, werden im Artikel von Hans-Joachim BODENHÖFER behandelt. Der Autor bietet einen Überblick über die bisherigen Erfahrungen im Bildungsbereich, um abschließend aufzuzeigen, wo Reformen bereits in Angriff genommen wurden. Allerdings kommt Bodenhöfer zum Schluß, daß sich die Entwicklungsländer mehrheitlich wohl nicht von der überkommenen Struktur — zweitklassige Grundausbildung für die Mehrheit, europäisch orientiertes Bildungssystem für Eliten — lösen werden.

Dieter BRAUNSTEIN zeigt in seinem Beitrag, wie sehr imperialistische Dominanz auf rigoroser kultureller Durchdringung basiert. Die alleinige ökonomische Deutung kolonialer Herrschaft würde sich gerade für den frankophonen Raum als ungenügend, ja irreführend erweisen. Die „mission civilisatrice", die kulturelle Assimilation der Bewohner des Kolonialreiches, war in allen Phasen der Entwicklung des französischen Imperialismus ein treibendes Moment. Es schuf für die nachkoloniale Ära günstige Bedingungen zur Aufrechterhaltung und Differenzierung der politisch-ökonomischen Vormachtstellung, eine Tatsache, die sich bis zum heutigen Tag an zahlreichen Beispielen belegen läßt.

Die britische Kulturpolitik in Afrika, obwohl der Idee kultureller Missionierung keineswegs verschlossen, hat sich bekanntlich sehr stark von der französischen Strategie unterschieden. Charlotte TEUBER und Guy NZERIBE gehen in ihrer kurzen Analyse dieser Art der Entfremdung von eigenen kulturellen Werten auf die Besonderheiten britischer kolonialer Bildungspolitik in Afrika ein. Das Aufbrechen der britischen „Monopolstellung" in diesem Bereich führt, wie die Autoren ausführen, nur zu einer Diversifizierung, jedoch nicht zu einer Überwindung der kulturellen Abhängigkeit der ehemaligen Kolonien.

Im Unterschied zum Schul- und Bildungsbereich, dem kolonialen Erbe des Südens, ist die technologische Abhängigkeit ein neues Phänomen. Bedingt durch das Fortschreiten von Wissenschaft und Technik gewinnt es an Bedeutung und drängt, zumindest tendenziell, die Direktinvestitionen zurück. Technologie und Technologietransfer sind primär an den Interessen der Zentren bzw. reichen Minderheiten in Entwicklungsländern orientiert. Solange Technologiepolitik nicht auf den Übergang zu eigenständiger Entwicklung ausgerichtet ist, wird sie, wie Dieter ERNST in seinem Artikel folgert, kaum nennenswert zur Befriedigung der Bedürfnisse der benachteiligten Bevölkerungsmehrheit beitragen. Die von Ernst vorgeschlagenen Strategien des Übergangs zu eigenständiger Entwicklung bedingen jedoch — wie der Autor ausführt — tiefgreifende Änderungen der wirtschaftlichen und gesellschaftlichen Machtstrukturen.

Die beiden letzten Beiträge schließlich befassen sich mit zwei konkreten Beispielen internationaler Beziehungen im Bereich Bildung und Technologie. Hermann SPIRIK analysiert — soweit vorhanden — die österreichische Entwicklungshilfe in diesem Bereich und Österreichs Auslandskulturpolitik. Er stellt die österreichische Praxis recht anschaulich anhand von Fallbeispielen dar. Besonderes Gewicht legt der Autor auf die Unterscheidung Entwicklungshilfe und Bildungspolitik: nicht jede Maßnahme, die Entwicklungsländer betrifft, kann auch schon als Entwicklungshilfe qualifiziert werden.

Barbara NOEL bietet in ihrem Artikel einen kurzen Überblick über die Aktivitäten der Europäischen Gemeinschaften im Bereich Bildung und Technologie, der umfassend den aktuellen Stand skizziert. Dieser Beitrag leistet eine Zusammenstellung der auf verschiedene Verträge und Abkommen verstreuten Bestimmungen. Eine der Möglichkeiten zukünftiger Entwicklung wird von Barbara Noël am Ende ihrer Ausführungen aufgezeigt: kulturelle Interdependenz, wo jeder sich seiner Identität und Komplementarität bewußt sei.

Auch Europa brauche selbstbewußte, leistungsfähige Partner, die es aus der gegenwärtigen Krise heraushelfen könnten.

Nach diesen Analysen der verschiedensten Aspekte kultureller Abhängigkeit stellt sich die Frage, inwieweit eine fruchtbringende Zusammenarbeit zwischen Nord und Süd sinnvoll sein kann.
Nach Auffassung der Herausgeber gibt es auch im Rahmen einer selektiven Abkoppelungspolitik – eine absolute Abkoppelung erscheint schon aus politischen Gründen kaum durchführbar – immer wieder Möglichkeiten in den thematisierten Bereichen zum gegenseitigen Nutzen zusammenzuarbeiten. Neben der zu forcierenden Zusammenarbeit zwischen Entwicklungsländern und Bemühungen in Richtung kollektiver Eigenständigkeit könnte auch die Kooperation mit (manchen) Industrieländern Beiträge zu einer autozentrierten und sinnvollen Entwicklung leisten. Voraussetzung dafür wäre allerdings, daß die Bedürfnisse der Dritten Welt, insbesondere der bisher an den Rand gedrängten Bevölkerungsmehrheit, nicht aber Export- und Verkaufsinteressen, die auf die Schaffung eines „globalen Supermarktes" abzielen, das primäre Kriterium der Zusammenarbeit sind. Dies bedingt natürlich auch Lern- und Umdenkprozesse in den derzeit dominierenden Zentren.

Unser besonderer Dank als Organisatoren der Tagung und Herausgeber dieses Buches gilt Frau Bundesminister Dr. Hertha Firnberg für die Übernahme des Ehrenschutzes unseres Symposions, sowie dem Bundesministerium für Wissenschaft und Forschung für großzügige Förderung dieser Publikation.

Dieter Braunstein Kunibert Raffer

Kunibert Raffer

Die ökonomischen Auswirkungen kultureller Abhängigkeit auf die Entwicklungsländer

Die kulturelle Beherrschung der Peripherie ist, in historischer Perspektive gesehen, erst ein relativ neues Phänomen. Auf die von Max Weber so treffend als Kapitalismus nach dem „Beuteprinzip" (1) gekennzeichnete Periode der ersten Kontaktnahme zwischen Nord und Süd folgte die Phase des formellen Imperialismus, in der die Welt zur wirtschaftlichen Nutzung unter die Großmächte verteilt wurde. Diese Art der Sicherung von Rohstoffen und Absatzmärkten brachte allerdings nicht selten beträchtliche Kosten für den Staatssäckel mit sich. Wirtschaftlich starke und aufstrebende Industrieländer waren daher schon sehr früh für weniger robuste und billigere Möglichkeiten wirtschaftlicher Nutzung der Peripherie im Rahmen des Weltsystems. Die formelle Herrschaft wurde schließlich durch die informelle ersetzt, der Süden wurde – wie vor allem von der Dependenzrichtung (2) unterstrichen wird – ökonomisch, politisch und kulturell abhängig gemacht. Die kulturelle Beherrschung, wobei „Kultur" im weitesten Sinn zu verstehen ist und Bildung, Ausbildung und Technologie mitumfaßt, ist die vollendetste und letztlich billigste Form wirtschaftliche Vorteile zu erzielen. Nach Furtado, der ebenfalls diesen weiten Kulturbegriff zugrundelegt, besteht das Wesen der Abhängigkeit schlechthin darin, daß Konsumvorstellungen einer Gesellschaft von außen geformt werden. Diese Spielart von Herrschaft könne selbst ohne Direktinvestitionen bestehen und sei die Grundbedingung für im engeren Sinn ökonomische Phänomene, wie beispielsweise den Ungleichen Tausch (3).

Der vorliegende Beitrag wird die ökonomischen Effekte kultureller Abhängigkeit behandeln, die historischen Vorbedingungen dieser Art von Einbindung in den Weltmarkt kurz skizzieren und sie als Phase der Expansion des Weltsystems (4) darstellen. Gleichzeitig soll aber auch darauf hingewiesen werden, daß diese Phase nur möglich wurde, weil andere, manifestere Formen des „Nutzbarmachens" der Peripherie die „Vorarbeit" der Zerstörung einheimischer Kultur- und Wirtschaftssysteme und der Ausrichtung dieser Wirtschaften auf die Bedürfnisse des Zentrums bereits geleistet haben.

Zu guter Letzt erscheint es wohl noch nötig darauf hinzuweisen, daß hier keine monokausale Erklärung gegeben werden soll, wenngleich aus Platzgründen nur dieser Faktor des Nord/Süd-Verhältnisses herausgearbeitet wird.

Die historischen Grundlagen kultureller Abhängigkeit

Zur Zeit der sogenannten „Entdeckungen" wurden weder europäische Lebensweise noch europäische Produktion als besonders hochwertig angesehen. So konnte man europäische Waren nicht selten nur mit Waffengewalt „verkaufen" (5) und noch im 19. Jahrhundert berichtet Livingstone, daß man englisches Eisen in Mozambique als scheußlich (rotten) bezeichnete, da man selbst besseres erzeugte (6). Um 1800 lehnte der chinesische Kaiser Chien Lung den Vorschlag der Briten, einen Diplomaten zur Förderung des Handels und zwecks Erwerb chinesischer Kultur an seinem Hof zu dulden ab: von der chinesischen Kultur könne der Gesandte höchstens einige Grundlagen erfassen und britische Waren benötige man nicht (7). Die „Öffnung" des chinesischen Marktes erfolgte einige Jahrzehnte später durch den Opiumkrieg. Wie der Name des Ereignisses vermuten läßt, waren europäische Waren selbst um die Mitte des vorigen Jahrhunderts in China nicht in profitablem Umfang abzusetzen – zumindest lohnte dafür – zum Unterschied von Rauschgift – kein Krieg.

Algerien, um ein anderes Beispiel zu nennen, hatte zur Zeit der Eroberung durch die Franzosen nicht nur ein blühendes Geistesleben, sondern auch eine geringere Analphabetenquote als Frankreich. 1954 waren laut französischen Statistiken 96 % der Frauen und 94 % der Männer Analphabeten (8). Noch heute hat Algerien, nach den Daten der Weltbank, nur 35 % Alphabeten, etwa die Hälfte der Durchschnittsprozentzahl der Länder mit mittlerem Einkommen (in der es auch selbst aufscheint). Es liegt sogar unter dem Durchschnitt der Länder mit niedrigem Einkommen (9).

Während europäische Bildung und Lebensweise in der kolonialen Ära als Karriereleiter für Anpassungswillige diente, wurde bodenständige Kultur zerstört und ihre Weitergabe oft verboten. 1904 wurde in Algerien die Lehre der arabischen Sprache (außer für das Koranstudium, wobei Suren über Freiheit und den Heiligen-Krieg verboten waren) behördlich untersagt, ebenso die Unterweisung in arabischer bzw. islamischer Literatur oder Geschichte. Ende des vorigen Jahrhunderts wurde in Kanada der Potlach, die religiös begründete Sitte wertvolle Geschenke zu verteilen, auf Drängen missionarischer Kreise verboten und bestraft — der „Feldzug" gegen einheimische Lebensformen in der Kolonialzeit ist bekanntlich bestens dokumentiert (10).

Sehr oft wurden damit auch eingespielte Wirtschaftskreisläufe zerschlagen. Der missionarische Kampf gegen die afrikanische Vielweiberei, die eigentlich Ausdruck einer anderen Form der Akkumulation darstellt (Akkumulation von Arbeits- statt Kapitaleinheiten) (11) oder das Beispiel des Potlach zeigen dies deutlich. Die rituellen Schenkungen des Potlach sind lediglich religiös-sittlich statt durch Exekutionsgerichte abgestützte Kreditbeziehungen. Durch ihr Verbot entwertete man über Nacht alle Gläubigerpositionen, so als verlören alle Banken mit einem Schlag ihre Aktiva. Nicht zuletzt wurde auch das spanische encomienda-System mit der Notwendigkeit begründet, die Indios zu kultivieren bzw. zu christianisieren.

Die Entfaltung der Weltwirtschaft, wie Wallerstein sie beschreibt, erfordert die Öffnung und Eingliederung von Märkten nach den Bedürfnissen des Zentrums. Dies kann auf gewaltsame Weise oder auf ideologischem Wege erreicht werden. Während aber die erste Stufe der Eingliederung durch Gewalt erreicht werden kann, bedarf eine Absicherung und Ausweitung der neugewonnenen Märkte eines subtileren Instruments: der kulturellen Abhängigkeit, da man Außenhandel nicht ständig mittels Kanonen betreiben kann. Daher ist die Angleichung der Bedürfnisse in der Peripherie an die Bedürfnisstrukturen des Zentrums notwendig. Sehr deutlich haben diese Herausbildung eines „Globalen Supermarktes" (12) Barnet/Müller beschrieben.

Für die europäisierten Schichten hielt die Kolonialverwaltung handfeste Vorteile parat: Anrecht auf eine hohe soziale Stellung, hohe Bezüge sowie auf Freiheit von manueller Arbeit (wie die weißen Kolonialherren). Um beispielsweise citoyen zu werden, also das französische Bürgerrecht zu erwerben, wurde die totale Assimilation gefordert (13).

Gleichzeitig wurde die Vermittlung praktisch relevanter, europäischer Wissensgebiete vernachlässigt (z. B. Technik, Medizin). Missionsschulen bildeten hier eine gewisse Ausnahme, bildeten jedoch in der Regel nur für niedere Tätigkeiten aus und zeigten meist ein noch stärkeres Interesse an der Zerschlagung des autochthonen Erbes. Als bedeutende Ausnahme muß der Jesuitenstaat in Paraguay erwähnt werden, wo Guarani Schul- und Hochschulsprache war.

Die Folgen kolonialer Bildungspolitik werden von F. Fanon treffend beschrieben: Claudel und Montesquieu lesen um zitieren zu können, die Annahme europäischer Lebensgewohnheiten als Statussymbol (14). Die wenigen Schulen, die kooperationsbereite, einheimische Eliten heranzogen, waren normalerweise sogar „literarischer" bzw. „allgemeinbildender" als vergleichbare Schulen im Zentrum selbst (15).

Die Resultate der Kolonialperiode sprechen für sich: der Kongo wies zum Zeitpunkt der Unabhängigkeit die höchste Alphabetenquote Afrikas auf, jedoch nur etwa 15 (!) Akademiker (die Quellen variieren zwischen 13 und 17), darunter keinen Ingenieur, Arzt, Professor oder Architekten. Dagegen sind Lehrer in den Eliten überrepräsentiert: in Ghana waren 30 % der Abgeordneten nach der Unabhängigkeit Lehrer, in Uganda (1961/62) gar die Hälfte. Die Verinnerlichung westlicher Wertvorstellungen hatte außerdem dazu geführt, daß die westliche Kultur ein hohes Prestige gewann und europäische Importwaren bei den Eliten begehrt sind. Schließlich hat die koloniale Ära in manchen Regionen zu einer Verarmung und Denaturierung der Sprache geführt: als Beispiel sei bahasa Malaysia genannt, eine Sprache, die moderne Ausdrücke nur in Form englischer Fremdwörter kennt. Ähnliche Trends, wenn auch in abgemilderter Form, lassen sich auch bei manchen Nationen des Zentrums beobachten, wie man wohl selbstkritisch anmerken sollte.

Das koloniale Erbe

Die Rolle dieses „kolonialen Erbes" im Erziehungswesen hat G. Myrdal sehr klar skizziert: es „ist Teil eines größeren, institutionellen Systems, das die sozialen und wirtschaftlichen Schichtungen, die Vermögensverteilung und die Machtverhältnisse einschließt. Es beinhaltet starke, manifeste Interessen der Beamten, Lehrer, Studenten und vor allem der Familien in den mächtigen Oberschichten, die die Stütze, die das ererbte Schulsystem ihrer Stellung verleiht, nicht unterminieren wollen." (16)

Die Mechanismen, die den Kolonialherren zur Heranziehung einer der eigenen Bevölkerung entfremdeten Elite gedient haben, lassen sich also gut weiterverwenden. Dies beantwortet bereits zum

Teil die Frage, warum man nach der „Unabhängigkeit" keine radikale Änderung der Bildungspolitik vorgenommen hat. Europäische Erziehung ist teuer und erfüllt daher soziale Auslesefunktionen. Sie dienst als ideale Möglichkeit der Abgrenzung von der Bevölkerungsmehrheit und ist eine nach außen „objektive" und moderne Variante der Herrschaftsstabilisierung im Inneren. Gesetze, wie etwa in Obervolta, die jedem das Wahlrecht zubilligen, der auf französisch lesen und schreiben kann, verdeutlichen diese Strategie sehr eindringlich.

Unter diesem Blickpunkt ist natürlich die Frage praktischer Qualifikationen unbedeutend, da europäische Lebensweise nur als Eintrittskarte zu hohem Einkommen dient. Braucht man „Experten", so holt man sie aus dem Norden – schließlich wurde man ja auch daran gewöhnt, Technologie und Wissen zu importieren. Das Ergebnis dieser Einstellung ist eine Bourgeoisie, die – wie A.G. Frank ausführt – ihre ureigenste Aufgabe, nämlich Akkumulation und Vorantreiben wirtschaftlicher Entwicklung, nicht mehr erfüllen kann. Er nennt sie deshalb – in Anlehnung an den Marx'schen Ausdruck Lumpenproletariat – „Lumpenbourgeoisie" (17). Ihr fernbestimmtes Wirtschaftsverhalten führt zu jenen Entwicklungshemmnissen, die beispielsweise die Schule der Strukturalisten als Ursache für die ökonomische Situation Lateinamerikas, herausgearbeitet hat (18).

Konsequenterweise ist in der Dritten Welt eine starke Bevorzugung universitärer und z.T. sekundärer Bildung gegenüber notwendigen Investitionen im Primärbereich zu beobachten. Nach zwei „Entwicklungsdekaden" muß man zur Kenntnis nehmen, daß ein überproportionaler Teil der Bildungsausgaben in Bereiche fließt, die die städtische Elite begünstigen, und daß der Vermittlung umweltbezogener, praktischer oder beruflich verwertbarer Qualifikationen kein Raum gegeben wird (19). Für 1976 stellt beispielsweise die Weltbank für alle Entwicklungsländergruppen eine Verhältniszahl der Ausgaben Tertiärbildungsbereich/Elementarbildung pro Auszubildenden fest, die ein Vielfaches der östlichen und westlichen Industrieländerwerte betrugen. Im Extremfall Afrikas südlich der Sahara belief sich diese Relation auf über 100 (20).

Die Weltbank, die in übermäßig hohen Gehältern für (europäisch) Gebildete „;zum Teil ein koloniales Erbe" sieht,weist auf die künstlich überhöhten Bezüge hin, die kaum im Verhältnis zur Produktivität ihrer Empfänger stünden und kommt zum Schluß, daß „Bildungserfordernisse lediglich als Rationierungsmittel hinsichtlich des Zugangs zu diesen überhöhten Bezügen" diene (21). So verdient in einem der ärmsten Länder Afrikas ein Lehrer das 24fache des BNP/Kopf und viele Regierungen halten es für politisch ratsam, Universitätsabsolventen Beschäftigungsmöglichkeiten zu garantieren, wobei natürlich ein Studium im Norden automatisch mehr Prestige und Geld bringt.

Es versteht sich von selbst, daß die Eliten, trotz deklarierter Alphabetisierungsziele, eigentlich kaum Interesse an der Verbreitung von Bildung haben. Entsprechend sind auch die Ergebnisse, wie G. Myrdal kritisch anmerkt: „Wenn aber ein Land ‚kommunistisch wird', ist es üblicherweise das erste, was passiert, daß eine starke Alphabetisierungskampagne durchgeführt wird, um die gesamte Bevölkerung innerhalb weniger Jahre Lesen und Schreiben zu lehren." (22)

Versuche, die ohne große Investitionen im Bildungsbereich Aussicht auf Erfolg hätten, werden sehr bald unterdrückt, da sie – wie etwa P. Freires berühmte Methode – neben Lesekenntnissen auch politisch verwertbare Erfahrungen bringen und bald zu politischen Aktionen führen, die den status quo der Elite bedrohen. Allerdings ist praktisch orientierte Bildungsarbeit nicht schlechthin verboten. Dient sie der Eingliederung in den Weltmarkt, so ist sie manchmal erfolgreich. Das „Trainings- und Besuchsprogramm", das in Westbengalen 1975 eingeführt wurde, führte innerhalb eines Jahres zu einer enormen Ausdehnung der mit HYV-Sorten bebauten Hektarzahl – von 2 % auf 40 % des bebauten Landes. Dabei war man besonders bei Alphabeten erfolgeich, wie die Weltbank hervorhebt (23).

Die Übernahme europäischer Werte hat für die Eliten noch weitere Vorteile. Im Zuge der „Modernisierung" von Verwaltung und Justiz wurden in vielen Ländern „Reformen" durchgeführt, die Stellung der Armen, Kleinbauern und Pächter drastisch verschlechterten. Ein gutes Beispiel hierfür ist das Grundbuch. Da arme Siedler in abgelegenen Regionen in der Regel – sofern sie davon überhaupt erfahren – nicht das Geld haben, diese Neuerung zu nutzen, verlieren sie meist ihr Land. Von den früheren Kolonialherren übernommene Gesetze gegen Nomaden und Brandrodungsbauern, die diese zwingen, entweder ihr Land unökologisch zu nutzen oder gleich in die Slums abzuwandern sowie die „Umwandlung" komplizierter autochthoner Rechtsverhältnisse in Eigentum an Grund und Boden im europäischen Sinn, die viele Kleinbauern gleichsam über Nacht enteignen, wären ebenfalls zu nennen. Auch hier sei ein Vergleich mit der europäischen Geschichte erlaubt: die Rezeption des römischen Rechts zu Beginn der Neuzeit hatte bei uns eine ähnliche Funktion.

Schließlich legitimiert die Übernahme von Ideologien, wie der des freien Marktes oder des „trickle down", sowie von Modellen des dualen Wachstums repressive Aktionen von Regierungen im Bereich der Sozial- und Verteilungspolitik, erlauben sie es doch, Lohnforderungen von Gewerkschaften als Hindernis für die nationale Entwicklung zu interpretieren. Selbst kritische Wissenschafter, wie R. Prebisch blieben lange den ihnen eingeimpften „allgemeinen Wahrheiten" verhaftet. Nicht nur in der Ökonomie werden bei der Vermittlung von Wissenschaft meist nur aus dem europäisch-nordamerikanischen Raum stammende Ideen und Technologien weitergegeben bzw. als wissenschaftlich dargestellt, so daß sich gar keine eigene Tradition entwickeln kann. Traditionelle Werte und Wirtschaftsformen werden — soweit noch existent — als entwicklungshemmend und unzeitgemäß betrachtet und nicht weiterentwickelt, eine Einstellung, die sich auch bei marxistischen Wissenschaftern findet (24) — zumindest in dieser Hinsicht gibt es also gelegentlich Einigkeit bei den Vertretern importierter Ideologien.

Auswirkungen auf das Konsumverhalten

Die These, daß die Übernahme europäischer/US-amerikanischer Gewohnheiten in Entwicklungsländern entwicklungshemmend wirke, ist an sich nicht neu. Schon 1951, auf der Jahrestagung der Amerikanischen Ökonomischen Gesellschaft, wird dieses Thema von Ragnar Nurkse und dem Weltbankökonomen John H. Adler aufgegriffen (25). Nurkses Beitrag, der in der Wissenschaftergemeinde bekannter geworden ist, geht auf sechs Vorträge zurück, die Nurkse im Sommer 1951 in Brasilien gehalten hat und die in der Revista Brasileira de Economia veröffentlicht wurden. In Parenthese sei kritisch vermerkt, daß Nurkses „Internationaler Demonstrationseffekt", wäre er nur in Brasilien veröffentlicht worden, zweifellos nicht international bekannt geworden wäre, da gerade die internationale Ökonomengemeinschaft damals — mit wenigen Ausnahmen außerhalb der kommunistischen Länder — die US-Hegemonie in ihrem Wissenschaftszweig gänzlich akzeptiert hatte. Diese geistige Kolonialisierung, die insbesondere im deutschsprachigen Raum auch heute noch vorherrscht, die dazu tendiert, Anerkennung nicht meritorisch, sondern etwa nach dem Kriterium „Publikationen im anglosächsischen Raum", oder Aufenthalt in den USA zu vergeben und manchmal darin gipfelt nur eine bestimmte, eher realitätsferne Schule der Ökonomie als Theorie der Volkswirtschaft zu akzeptieren, sollte auch in Europa zugunsten eines gleichberechtigten Austausches von Ideen, wie er etwa zur Zeit der berühmten Wiener Schule der Ökonomie vorzufinden war, überwunden werden.

In seinem Artikel, der gleichgewichtiges Wachstum, also eine ausgewogene Entwicklung der Produktivkräfte im Sinn von List, als Entwicklungsstrategie vorschlägt, wendet Nurske die Theorie des Demonstrationseffekts, die Duesenberry für die USA entwickelt hat, auf das Nord/Süd-Verhältnis an. Wie in den USA die ärmeren Haushalte den Konsum der Reichen nachzuvollziehen versuchen, was dazu führt, das 75 % der Haushalte keine Ersparnisse aufweisen, wirke auch international die Demonstration westlichen Konsums auf die Entwicklungsländer konsum- und somit importsteigernd. Die Folgen seien Zahlungsbilanzprobleme und fehlende Mittel, um Investitionen und ein gleichgewichtiges Inlandswachstum zu finanzieren, sowie Inflation. Die Attraktivität des demonstrierten westlichen Konsums auf die Dritte Welt hänge von zwei Faktoren ab: der Einkommensdifferenz (und Konsumdifferenz), die sich vergrößert habe, und von der internationalen Kommunikation. Radio, internationale Verkehrsverbindungen des 20. Jahrhunderts und „die amerikanischen Filme" (26) führten dazu, daß knappes Geld für Luxusimporte verschwendet werde. Zwar unterscheide sich der von außen induzierte Konsum insofern nicht vom heimischen Luxuskonsum, als beide die ansonsten für Investitionen zur Verfügung stehenden Gelder verbrauchen, doch führe der Demonstrationseffekt zu einem höheren Konsumniveau. Dies insbesondere deshalb, weil das internationale Vorbild auch mittelbar wirkt: Importverbote bei aufrechtem Informationsfluß führen daher nur dazu, daß diese Luxusimporte substituiert werden. Außer Einfuhrverboten müsse man durch staatliche Eingriffe diese Art von Konsum verhindern, da sie das Kapital für „verhältnismäßig unwichtige Verwendungen" (27) abziehe.

Obwohl Nurkse auch anklingen läßt, daß man amerikanische Produktionstechniken weltweit und vielleicht zu sehr nachahme, konzentriert sich seine Kritik auf den Konsum. Solange man die Auswirkungen des internationalen Demonstrationseffektes nicht überwunden habe, könne man diesen Ländern gar nicht helfen: einströmende Gelder würden – etwas freier zitiert – postwendend wieder als Zahlungen für Luxusimporte in den Norden fließen. Schließlich geht Nurkse soweit, sehr radikale Formen der Abkoppelung zu empfehlen bzw. zu rechtfertigen. Japans wirtschaftlicher Erfolg gehe zweifelsohne auch darauf zurück, daß man alles aus dem Westen imitiert habe, außer den Konsummustern. Ebenso gebe es auch eine materialistische Interpretation für den „Eisernen Vorhang": der Ausschluß des Demonstrationseffektes habe die Kapitalbildung im Osten wesentlich erleichtert.

John Adler ist im wesentlichen derselben Meinung. Zwar sieht er auch in ausländischem Kapital eine mögliche Lösung – dieses sollte vor allem in Form von Schenkungen gegeben werden – doch hält auch Adler die Einschränkung des Konsums der „dünnen Schicht der Reichen" für einen Ausweg aus der „traurigen Situation" (28). Ähnlich den Strukturalisten nach ihm bezweifelt er, daß unter gegebenen Umständen, wie z.B. bei der derzeitigen ungleichen Einkommensverteilung, die Marktkräfte die größtmöglichen positiven Efekte erzielen könnten. Filmhallen, Lippenstiftfabriken (für die man wahrscheinlich heutzutage Weltbankgelder bekommen könnte) und Luxushäuser seien volkswirtschaftlich nicht sinnvoll. Adler empfiehlt Luxussteuern, insbesondere für Importgüter. Importsteuern, wie sie zur Zeit von vielen Entwicklungsländern eingehoben würden, müßten erhöht werden und insbesondere der Konsum der Reichen müsse beschnitten werden. Weiters empfiehlt der Weltbankökonom: Erlaubnisscheine für den Bau von Häusern, spezielle Gebühren für Betriebe, die aus dem Blickwinkel der nationalen Entwicklung weniger wünschenswert seien oder eine Vermögenssteuer, die allerdings Freibeträge für ärmere Schichten vorsehen solle. Im Hinblick auf die extrem ungleiche Vermögensverteilung in Entwicklungsländern könnten solche Maßnahmen die Reichen noch stärker treffen als eine Einkommensteuer, die auch nur schwer administrierbar sei. Obwohl der Konsum unwichtiger Güter der Reichen mehr eingeschränkt werden soll, empfiehlt Adler auch die Einschränkung des Alkoholkonsums und des Verbrauchs von Importwaren bei den Armen. Dies soll durch entsprechende Besteuerung erreicht werden. Adler verweist auch auf die Unzulänglichkeiten der Administration, für die Myrdal später den Ausdruck „schwacher Staat" (29) geprägt hat, und vergißt nicht auf schlecht verwendete Budgetgelder hinzuweisen. Die Unfähigkeit bzw. der Unwillen der staatlichen Entscheidungsträger sind nach Adler die wichtigste Erklärung warum die wirtschaftliche Entwicklung des Südens so wenig zufriedenstellend ist.

Die Ideen der beiden Autoren sind, wie man insbesondere sieht, wenn man manche ihrer Ausdrücke durch die Sprache moderner Entwicklungsforscher ersetzt, äußerst aktuell. Aus dem Nurkse'schen Ansatz läßt sich sofort eine Abkoppelungsstrategie ableiten, wie sie etwa Senghaas vertreten hat. Adler, der übrigens wie Nurkse für ein ausgewogenes sektorales Wachstum eintritt, ließe sich ohne weiteres in jene Darstellung des Verhältnisses Massen : Eliten einbauen, die das Zentrum/Peripherie-Modell gibt. Nicht zufällig zeigt auch das von mir in der Einleitung verwendete Zitat von Furtado, daß es wohl aus des Autors Diskussion mit Nurkse hervorgegangen sein dürfte (30).

Die grundsätzlichen Thesen der beiden wurden in der folgenden Diskussion von keinem Teilnehmer bestritten. So fordert Mendershausen die Entwicklung der Massenkaufkraft als notwendige Bedingung für die Entwicklung einer dynamischen, nationalen Wirtschaft, hält die Verteuerung von Luxusgütern für unumgänglich und hält eine gewisse Isolation für möglicherweise notwendig. Interessanterweise setzt er auch im Norden selbst an: man solle ein genaueres Bild der Lebensverhältnisse zeigen, um die Fiktion einer „Nation von Konsumenten" zu zerstören.

Natürlich haben diese Ansichten auch Kritik hervorgerufen. Interessanterweise findet sich in der späteren Literatur nur Kritik an Nurkse. Der Adler'sche Artikel scheint unverdientermaßen in Vergessenheit geraten zu sein. Der Einwand gegen Nurkse ist immer derselbe: der Demonstrationseffekt habe positive und nicht negative Effekte. P.T. Bauer ist einer der radikaleren Vertreter dieser Gegenthese, die er allerdings nur kurz begründet, zum Teil mit falschen Argumenten. Bauers These lautet wie folgt: durch den Demonstrationseffekt würden die Marktproduktion und die Konsumwünsche so angekurbelt, daß Wirtschaftswachstum entstünde. Verschwenderischen Luxuskonsum ortet er nur im staatlichen Bereich, hier allerdings nicht nur in Entwicklungsländern. Bauer stützt seine These – die an sich logisch möglich ist – mit sehr weitherzigen Argumenten: dem Wirtschaftshistoriker sei dies vertraut, die Folgen der Berührung mit fortgeschrittenen Wirtschaften seien sehr viel andere etc. Allerdings nennt er nur in seinem deutschen Aufsatz Nurkses These „in sich widersprüchlich". Leider erwähnt er nicht, wo dieser Widerspruch liegt. Insbesondere schreibt Bauer nicht, daß Nurkse selbst durchaus auch diese Wirkung als möglichen Demonstrationseffekt gelten läßt (31). Ungeklärt läßt er auch die Frage, ob nach dem durch den Demonstrationseffekt seiner Version ausgelösten Angebotszuwachs am Arbeits- und Gütermarkt auch Nachfrage besteht. Um dies polemisch in ein aktuelles Beispiel zu kleiden: würde ein nurkse'scher Ökonom den Nigerianern empfehlen, den Import von Luxusgütern zugunsten der inländischen Entwicklung zu beschränken, so würde Bauer sie davor warnen und empfehlen mehr Öl zu exportieren – um die Marktsituation kümmert er sich ja offensichtlich nicht.

In vorsichtigerer und ausgewogenerer Weise geht Viner (32) auf den Demonstrationseffekt ein: könnten die von Nurkse beobachteten Güter nicht auch lediglich eine Umschichtung im Konsum darstellen (etwa: ein Cadillac statt eines großen Gefolges von Dienern) und in vielen Fällen die Entwicklung inländischer Produktion ermöglichen?

Allerdings mag der Effekt der Demonstration in armen Ländern tatsächlich die Sparneigung stärker abschwächen als in reichen, denn die heute reichen Länder wären im Zuge ihrer Entwicklung diesem Einfluß nicht ausgesetzt gewesen. Allerdings glaubt Viner, daß es immerhin möglich sei, daß die Anreize neuer Waren langfristig mehr zum wirtschaftlichen Fortschritt beitrügen als sie ihm schadeten, doch legt er sich hier nicht fest.

Schließlich sei noch der Beitrag von Chiang erwähnt, der die Wirkungen in positive und negative unterteilt. Nach Chiang liegt die nachteilige Wirkung des Demonstrationseffektes vor allem darin, daß er dort auftritt, wo er am meisten schadet – im sogenannten „modernen" Sektor einer gespaltenen Wirtschaft (33). Der positive Effekt, den Chiang als nicht immer von primärer Bedeutung ansieht, besteht darin, daß ein geplanter „interregionaler Demonstrationseffekt" im Hinterland allmählich zum Konsum neuer Güter beitragen könne. Allerdings sei dabei darauf zu achten, daß nicht ein Nachfrageüberhang nach importierten statt nach einheimischen Gütern geschaffen werde. Ein gewisses Maß an Einfuhrbeschränkungen könne daher nötig sein. Führt die Entwicklung des Inlandsmarktes schließlich zu einer erhöhten Investitionsbereitschaft, so werde durch diese sinnvolle Alternative zum ausländisch induzierten Luxuskonsum das Sparen gefördert.

Das weitere Echo der Referate von Nurkse und Adler war gering. Zumindest läßt sich eine systematische Weiterentwicklung der Demonstrationstheorie in der europäisch/amerikanischen Wissenschaft nicht verfolgen. Auch Autoren, die gut an diese Ideen anknüpfen könnten, beziehen sich nicht auf Nurkse oder Adler. So zitiert etwa Senghaas in seinem Plädoyer für Dissoziation keinen von beiden (34). Von Nurkses Ideen wurden zwar seine Äußerungen über das gleichgewichtige Wachstum und die Diskussion über die Kapitalausstattung der Entwicklungsländer weitergeführt, nicht aber seine Ideen über abhängige Konsummuster.

Auch wenn man nicht in allen Punkten mit ihm übereinstimmt, so hat Nurkse zweifellos den Finger auf einen interessanten Zusammenhang gelegt. Allerdings bleibt er die Erklärung schuldig, warum die westlichen Konsummuster für Mitglieder anderer Kulturen überhaupt attraktiv werden können. Wohl weist er darauf hin, daß es Länder gegeben hat, die dem westlichen materiellen Standard ablehnend gegenübergestanden waren. Doch seit damals seien die Geschmacksrichtungen einheitlicher geworden, diese Standards hätten die Welt erobert und offensichtlich werden der Länder und Regionen immer weniger, auf welche die westlichen Wirtschaftsformen nicht passen. Den Grund hierfür führt er aber nicht an. Er ist in der gezielten Kolonialpolitik zu suchen, die ich bereits skizziert habe und die für die Ausweitung des Weltsystems notwendig war.

Darin liegt auch die Problematik der kulturellen Abhängikeit: die Weiterentwicklung regional adäquater Konsum- und Wirtschaftsformen wurde unterbunden und andere Strukturen wurden aufgesetzt. Die Entwicklung der Peripherie wurde zum Reflex der Bedürfnisse des Zentrums.

Sieht man die Zukunft der Entwicklungsländer, sozusagen namensadäquat, in einem Nachvollzug der europäischen Entwicklung, so stellt sich die Frage nach der Nützlichkeit oder Schädlichkeit der Vorbilder. Geht man davon aus, daß diese Länder eigene Entwicklungsstrategien entwerfen sollen, dann kann der Demonstrationseffekt nur bedenklich oder gefährlich sein, weil durch ihn eine ganz bestimmte Art von Industrialisierung und gesellschaftlicher Entwicklung aufgedrängt wird. Der Trend zu gigantomanischen Großprojekten und kapitalintensiver Technologie ist ein Ergebnis des Nacheiferns westlicher Entwicklung und ist insbesondere bei Ländern kaum optimal, die gerade unter Kapitalmangel leiden. Dies gilt relativ auch für kleinere Industrieländer, die besser beraten wären, statt des Imports von Großtechnologien auf ihre Ressourcenausstattung besser Rücksicht nehmende Produktionsverfahren zu wählen. Glaubt man aber an die Möglichkeit des „Aufholens" der Entwicklungsländer, so stellt sich die Frage nach den Auswirkungen westlicher Vorbilder. Dies soll anhand einiger Beispiele beleuchtet werden. Die Auswirkungen geistiger Kolonialisierung auf die Konsumwünsche beschreibt Fanon recht drastisch: „Europäische Kleider oder irgendwelche Fetzen nach der letzten Mode tragen; die Dinge übernehmen, von denen der Europäer Gebrauch macht . . . all dies wird aufgeboten um ein Gefühl der Gleichheit mit dem Europäer und seiner Existenzweise zu bekommen" (35). Produkte und Umgangsformen der Europäer annehmen, europäische Ausdrücke in der einheimischen Sprache verwenden, sind nach Fanon weitere Versuche, ein Minderwertigkeitsgefühl gegenüber dem Europäer zu übertünchen.

Man will Erfolg haben — und Erfolg ist gleichbedeutend mit einem „zivilisierten Leben", d.h. Armbanduhr, Mercedes, europäische Möbel und europäische Nahrung, wie Mazrui diese Einstellung kurz charakterisiert (36).

Durch ihre Erziehung, durch ihre „Entnationalisierung", werden, dürckt man dies neoklassisch aus, die Indifferenzkurven der Elite verschoben, die Preiselastizität europäischer Waren verringert sich oder wird positiv. Gerade zum ostentativen Konsum, wie ihn Veblen beschreibt, eignen sich importierte Waren gut, da selbst Konsumgüter des täglichen Bedarfs der Industrieländerkonsumenten in vielen Ländern des Südens Luxuskonsum darstellen.

Der Siegeszug westlicher Kultur sei anhand einiger besonders drastischer Beispiele weiter verdeutlicht:

- Niger, eines der ärmsten Länder der Welt, hat einen Teil seiner Deviseneinnahmen dafür verwendet, Speiseeis direkt aus Paris, aus einem eleganten Geschäft auf der avenue des Champs Elysées zu importieren.
- in Abidjan befindet sich der größte Eislaufpalast Afrikas, der auch größer ist als alle Eislaufhallen Europas; gleichzeitig waren nach Angaben der Weltbank nur 19 % der Bevölkerung mit „unbedenklichem Wasser" versorgt, sterben — ebenfalls laut dem letzten Weltentwicklungsbericht — 127 von 1000 Säuglingen vor dem Erreichen des ersten Lebensjahres und beträgt die Lebenserwartung bei Geburt 47 Jahre.
- in Zaire wurde für die Stadt Kisangani, eine Stadt mittlerer Bedeutung mit etwa 250.000 Einwohnern, trotz funktionierenden Flughafens ein zweiter, modernerer gebaut. Die neue Piste für

fünf Flüge täglich war die breiteste und längste in ganz Zentralafrika und die Betriebskosten lagen — bedingt durch alle technischen Finessen — so unverhältnismäßig hoch, daß man bereits vor der Eröffnung die Meinung hörte, es sei das beste, den Flughafen nur am Tag der Eröffnung zu betreiben (37).

- in manchen Gebieten Afrikas zählen mit afrikanischen Mustern bedruckte jedoch offensichtlich in Europa hergestellte Textilien zu von reichen Damen äußerst begehrten Konsumartikeln. Als afrikanische Produzenten, die dieses Produkt billiger herstellen konnten, in die Lage kamen, diese Stoffe getreu zu kopieren, kam dieser Markt in Gefahr. Durch erkennbare Unterschiede in der Verarbeitung, die nur durch die europäischen Maschinen geleistet werden konnten, wurde dieser Markt wieder gerettet.

Dieses Nacheifern europäisch/US-amerikanischen Lebensstils bedingt eine äußerst ungleiche Einkommensverteilung. Das von den Eliten angestrebte Konsumniveau ist teuer. Wie Bornschier u.a. anhand quantitativer Untersuchungen nachgewiesen haben, bedingt die Ausrichtung auf die Produktion westlicher Güter, wie sie etwa auch im Lande durch multinationale Unternehmen erfolgt, eine zunehmende Einkommenskonzentration für wenige und zunehmende Verelendung für viele (38). Es kommt, wie Sauvant/Menis es ausdrücken, zur Entscheidung zwischen der Finanzierung von Konsumgütern der Industrieländer oder der Finanzierung von Grundbedürfnissen (39).

Wenngleich man bei der Betrachtung von Einkommensverteilungszahlen, wie überhaupt bei Zahlenangaben, insbesondere für Entwicklungsländer, sehr vorsichtig sein sollte (40), so läßt sich die zunehmende Verelendung in der Dritten Welt dennoch belegen. Auch Indikatoren wie die Zahl der Landlosen, der Slumbevölkerung oder die hunderte Millionen Unterernährter, von denen die Weltbank spricht, beweisen dies. Das oft zitierte „Wirtschaftswunderland" Brasilien wurde sogar von McNamara, damals Weltbankpräsident, als Beispiel für eine sich verschärfende Ungleichverteilung der Einkünfte genannt (41). In Ländern, die man schon gelegentlich zum Kreis der sogenannten „Schwellenländer" zählt, wie Thailand und Malaysia können aufgrund vorsichtiger Schätzungen, die auf offiziellen (!) Zahlen basieren rund die Hälfte der Haushalte als unter der Armutsgrenze liegend bezeichnet werden. Dabei handelt es sich hierbei keineswegs um Arbeiten, die im Verdacht stehen könnten, besonders auf linke „Effekthascherei" aus zu sein (42). Das südkoreanische Arbeitsamt schließlich gestand im März 1976, daß nur 13 % der Arbeiter das staatlich festgelegte Existenzminimum erreichen: der Durchschnittslohn eines Arbeiters liege bei etwa 65 % dieses Satzes.

Die Konsumausrichtung des Südens bedingt natürlich auch eine entsprechende Produktionsstruktur. Diese unterscheidet sich, wie S. Amin ausführt, wesentlich von den Strukturen in den Zentren zur Zeit der Industriellen Revolution. Während damals die Kombination Ausrüstungsgüter-Massenkonsumgüter ausschlaggebend gewesen sei, handle es sich heute in den Entwicklungsländern um eine Industriestruktur Exporte – Luxuskonsumgüter. Sofern in einigen Ländern („Schwellenländern") auch eine Investitionsgüterindustrie entstehe, diene sie der Produktion von Luxusgütern (43). Dies gibt eine sehr adäquate Beschreibung der tatsächlich durchgeführten Importsubstitutionsstrategien und der „Schwellenländer",

Die Kritiker des Nurkse'schen Ansatzes, die anführten, daß der Demonstrationseffekt auch leistungssteigernd wirken kann, haben offensichtlich in einem Recht: der Versuch, westliche Lebensweise zu übernehmen, führt zu immer stärkerer Ausbeutung des Großteils der Bevölkerung und zu immer reicheren Reichen aber auch zu wachsender Unterdrückung. Mit einem Wort: das Nacheifern der Eliten, die Ankurbelung ihrer Konsumwünsche führt tatsächlich zu Leistungssteigerungen beim Auspressen der Armen. Gleichzeitig kann man auch erklären, warum es zu Wachstum führt: einerseits ist der sogenannte „moderne Sektor", der Elitenmarkt, statistisch besser erfaßt, während man den traditionellen Sektor noch viel schlechter quantifizieren kann. Andererseits können, wie jüngst auch Brecher/Bhagwati nachgewiesen haben (44), Vorteile aus dem Außenhandel nur einem Teil der Bevölkerung erwachsen, während der Rest verelendet. Schließlich kann Wachstum, das nur durch eine forcierte Ausbeutung erschöpfbarer Ressourcen zustandekommt, nur als Raubbau bezeichnet werden. Es gleicht einem Strohfeuer, an dem sich die Armen normalerweise nicht einmal wärmen können.

Der hohe Importanteil des Südens birgt schließlich noch ein anderes Problem. Im Lande selbst können gar keine weiterreichenden Wirtschaftsverflechtungen entstehen, wenn das Geld nicht inlandswirksam ausgegeben wird. Für Entwicklungsländer ist die Belastung durch Importe fast immer größer als die Exporteinnahmen. Blickt man in den letzten Weltentwicklungsbericht, so findet man, abgesehen von OPEC-Staaten nur drei Länder mit Leistungsbilanzüberschuß: die Zentralafrikanische Republik, Nikaragua und Peru. Da alle drei jedoch im Ausland verschuldet sind, benötigen sie auch für den Schuldendienst Geld.

In Entwicklungsländern kann sich daher ein Wachstum, wie es sich in Europa unter den Fittichen merkantilistischer Politik entwickelt hat, gar nicht herausbilden. Aufgrund der kulturellen Abhängkeit wird der Süden nur „modernisiert" (und das nur partiell), d.h. für den Weltmarkt erschlossen.

Natürlich wäre es verfehlt, nur den Eliten die Nachahmung westlicher Lebensweise vorzuwerfen. Der Demonstrationseffekt des Westens und der Eliten wirkt auch, im Rahmen ihrer Möglichkeiten, auf die Bevölkerung.

So wird schließlich westliches Erfrischungsgetränk der einheimischen Produktion vorgezogen – was einheimische Unternehmer ruiniert und multiplikativ Arbeitsplätze zerstört sowie die Zahlungsbilanz belastet. Barnet/Müller beschreiben krasse Fälle von durch Werbung hervorgerufener Fehl- und Mangelernährung, wie eine mexikanische Familie, die Eier verkauft, um für den Vater Coke kaufen zu können. Auch die Weltbank hat auf die ungleiche Nahrungsverteilung in der Familie und auf „Fehlernährung" als Ursachen für die Misere im Süden hingewiesen (45). Ein anderes, bekanntes Beispiel ist die Babynahrung, die 1978 in der Dritten Welt einen Umsatz von 600 Mill. bis 1 Mrd. Dollar erzielt hat, bei Profitraten von 45–50 % (46).

Zum Unterschied von der Konsumentscheidung der Reichen, läßt sich das Nacheifern der Armen sogar rational erklären. Nimmt man als Armer an, daß Reiche rational wählen, so drängt sich der Schluß auf: wenn ein Reicher, der kaum unter finanziellen Beschränkungen leidet und über viel mehr Information verfügt, sich für dieses Produkt entscheidet, obwohl er auch andere haben könnte, so muß dieses Produkt doch qualitativ wertvoll sein. Will man nun seinem Kind das Beste bieten – und welche Mutter will das nicht – so greift man zur Babynahrung, auch wenn diese die Hälfte des Lohnes oder mehr verschlingt. Sehr bewußt stellt die Babynahrungsmittelreklame in Entwicklungsländern die Gesundheit der mit ihren Produkten ernährten Kinder in den Vordergrund. Die Folgen sind – wie im „Fall Nestlé" – bestens dokumentiert.

Die Überwindung der kulturellen Abhängigkeit

Solange westliche Wertvorstellungen und Konsummuster für die Bevölkerung der Dritten Welt so erstrebenswert sind, daß der Anbau von Exportgütern (wie Baumwolle im Tschad) zulasten der Nahrungsversorgung der Bevölkerungsmehrheit auch mit Gewalt forciert wird (47) und solange arme Indios als Radio bemalte Steine als Statussymbol verwenden, bleibt die „Wirtschaftsentwicklung" der Peripherie der Reflex der Bedürfnisse der Metropolen. Die gesamte Produktions- und Konsumstruktur befriedigt nicht die Grundbedürfnisse der Bevölkerung, sondern die Extravaganzen der Reichen und die Exportwünsche der Metropolen.

Eine Änderung ist wegen der beschriebenen massiven Interessen nicht leicht. Wird sie trotzdem und trotz der bereits gleisteten Vorarbeit geistiger Kolonisierung ansatzweise versucht, so stößt man bald auf Schwierigkeiten. Als Zaire die Grundschulausbildung in einheimischer Sprache einführte, dauerte dieses Experiment nur kurze Zeit. Als man Kredite brauchte, lustigerweise um sich an einem Nachrichtensateliten zu beteiligen, gewährte Präsident Giscard diese nur unter der Bedingung, daß Französisch wieder als Unterrichtssprache eingeführt werde (48).

Ansatzpunkte für eine Überwindung der kulturellen Abhängikeit gäbe es allerdings sehr wohl. Eine Rückbesinnung auf lokale Werte und Traditionen wäre hierfür notwendig. Wie man an Beispielen wie der Korea-Faser oder dem HYL-Verfahren im Eisen- und Stahlbereich zeigen kann, können in der Dritten Welt durchaus lokal adäquatere Technologien erfunden und genützt werden. Dies sollte die Weiterentwicklung autochthonen Wissens anregen. So kann man mit traditioneller arabischer Architektur billigere und klimaadäquatere Gebäude herstellen als mit importierten Bauweisen, die meist auch den Einbau von Klimaanlagen erfordern, insbesondere wenn man klimatisch nicht adäquate Kleidung (Anzug und Krawatte) trägt. Es sei auch erwähnt, daß die seit Jahrhunderten in Fidschi gebaute Bure, die aus einfachem Material errichtet wird, die Wohntemperatur in angenehmer und billiger Weise regelt – ohne Belastung der Zahlungsbilanz.

Ein Umdenken wäre auch im Konsum- und natürlich vor allem im Erziehungsbereich notwendig, ist doch die „Flucht der Gehirne", die Abwanderung der Ausgebildeten, sehr oft eine Folge der Verwestlichung und nicht mangelnder Einkommenschancen im Heimatland.

Als Mittel der Rückkehr zur Eigenständigkeit ist neben der wirtschaftlichen und technischen Zusammenarbeit der Dritten Welt durchaus auch Kooperation mit Industrieländern möglich. Diese muß jedoch selektiv betrieben werden. Vermehrte Zusammenarbeit mit beispielsweise der EG kann ein Mittel sein, den Einfluß der vormaligen Kolonialmacht zurückzudrängen. Kleine Industrieländer, die selbst, wenn auch sehr abgemildert, unter den Symptomen der Abhängigkeit leiden, könnten in manchen Bereichen mit der Dritten Welt kooperieren. Beispielsweise im Bereich nicht kapitalintensiver Technologien, die für kleine Länder geeigneter sind als auf die Verhältnisse großer Länder zugeschnittene Großtechnologien oder bei der Entwicklung energiesparender Produktionsverfahren und alternativer Energienutzung.

Die Notwendigkeit zur Emanzipation und zum Aufbau gleichwertiger Beziehungen, die erst einen wirklichen Austausch auf internationaler Ebene ermöglichen, wird im Hinblick auf die gegenwärtigen Versuche, den Export von Dienstleistungen zu fördern, noch dringender. Insbesondere die USA, die 1980 rund 60 Milliarden Dollar an Devisen durch Dienstleistungen erwirtschaftet hat, versucht diesen Exportmarkt zu erweitern. Diese „Liberalisierung des Handels mit Dienstleistungen" wie es Reagans Erster Berater für Handelspolitik, W.E. Bock (49), umschreibt, bedingt eine noch weitergehende Angleichung der Lebensstile als die Übernahme von Verbrauchsgewohnheiten bei Konsumgütern. Sie ist aber auch die logische Konsequenz, wenn man die Abhängigkeit erhöhen will.

Als die USA beim letzten GATT-Ministertreffen in Genf (24. bis 29. November 1982) die Förderung des Dienstleistungsexports im Rahmen des GATT einbrachte und befürwortete, wendeten sich die Länder der Dritten Welt energisch gegen diesen Vorschlag, der von den anderen Industrieländern unterstützt wurde. Obwohl es sicher übertrieben wäre, hierin bereits den Anfang aufkeimender Eigenständigkeit zu sehen, ist es doch ein Schritt in die richtige Richtung. Auch manche Industrieländer wären gut beraten, ihre internationalen Verflechtungen unter dem Aspekt kultureller Abhängigkeit zu überdenken.

Anmerkungen

(1) Max Weber, Wirtschaftsgeschichte, hg. v. S. Hellmann und M. Palyi, München/Leipzig 1923, S. 258

(2) Vgl. hierzu: Kunibert Raffer, Die dependencia-Theorie: die alte Weltwirtschaftsordnung aus der Sicht der Dritten Welt, in: ders. (Hg), Probleme des Nord/Süd-Verhältnisses, Wien 1979, S. 24–54

(3) Celso Furtado, El desarrollo económico – un mito, C. México 1976, S. 100 ff

(4) Vgl. hierzu: Immanuel Wallerstein, The Modern World System: Capitalist Agriculture and the Origins of the European World Economy in the Sixteenth Century, New York 1974; ders., Aufstieg und Niedergang des kapitalistischen Weltsystems. Zur Grundlage vergleichender Analyse, in: D. Senghaas (Hg), Kapitalistische Weltökonomie, Kontroversen über ihren Ursprung und ihre Entwicklungsdynamik, Frankfurt/Main 1980, S. 31–68, sowie T. K. Hopkins & I.W., Grundzüge der Entwicklung des modernen Weltsystems, Entwurf für ein Forschungsvorhaben, ibid., S. 151–201

(5) Vgl. Fritz Schindlecker, Kolonialismus und Neokolonialismus in Schwarzafrika, in: A. Bergmiller/P. Feldbauer (Hg), Kolonialismus, Imperialismus und Dritte Welt 1, Salzburg 1977, S. 221

(6) G. Lanning/M. Mueller, Africa Undermined, A History of the Mining Companies and the Underdevelopment of Africa, Hardmonsworth 1979, p. 27

(7) Zit. aus Otto Winkler, Die europäische Expansion, Wien 1979 (IIZ-Informationen 79/1), S. 23. Im übrigen, so meinte der chinesische Kaiser, eigne sich die Kultur des Reiches der Mitte ohnehin nicht dazu nach Europa verpflanzt zu werden.

(8) Mohamed Belkacem Khammar, Il colonialismo, l'imperialismo e il loro tentativo di dominazione culturale in Algeria, in: L'imperialismo culturale, a cura di C. Medori, Fondazione internazionale Lelio Basso per il diritto e la liberazione dei popoli, Milano 1979, p. 85

(9) IBRD, Weltentwicklungsbericht 1982, Washington D. C., Tab. 23, S. 163. (Daten aus 1977) Allerdings hat Algerien im Hinblick auf die schlechte Ausgangsposition (1960: 10 %) mehr geleistet als die meisten Länder.

(10) Auch der indische Sepoy-Aufstand geht, wie Christopher Hibbert anschaulich darlegt, im wesentlichen auf Missions- und Europäisierungseifer (oder doch Rücksichtslosigkeit gegen indische Sitten) zurück, der erst die „Fettfrage" der neuen Enfieldgewehre so kritisch werden ließ. (The Great Mutiny, India 1857, Harmondsworth 1980).

(11) Sehr anschaulich wird dies dargestellt bei Albert Wirz, Vom Sklavenhandel zum kolonialen Handel, Wirtschaftsräume und Wirtschaftsformen in Kamerun vor 1914, Zürich/Freiburg i. Br. 1972, (Beiträge zur Kolonial- und Überseegeschichte, hg. v. R. v. Albertini und H. Goll-

witzer, Bd. 10), beispielsweise auf S. 19. Allerdings irrt Wirz hier, wenn er von nicht-ökonomischen Zielen spricht, weil es sich eben gerade um die Akkumulation von Arbeitskraft handelt.

(12) R. J. Barnet/R. E. Müller, Die Krisenmacher, Die Multinationalen und die Verwandlung des Kapitalismus, Reinbek b. Hamburg 1975

(13) Vgl. hierzu den Artikel von Dieter Braunstein in diesem Band.

(14) Frantz Fanon, Schwarze Haut, weiße Masken, Frankfurt/M. 1980, vgl. auch Ali Mazrui, Political Values and the Educated Class in Africa, London, Ibadan, Nairobi, Lusaka 1978, insbesondere p. XIII

(15) Gunnar Myrdal, Need for Reforms in Underdeveloped Countries, Paper presented to the symposium „The Past and Prospects of the Economic World Order", Grand Hotel Saltsjöbaden, August 25–28, 1978, p. 17. Myrdal hat auf die koloniale Verformung des Bildungssystems des öfteren auch in anderen Werken (Asian Drama, The Challenge of World Poverty) hingewiesen.

(16) Myrdal, 1978, p. 18

(17) A. G. Frank, Lumpenbourgeoisie and Lumpendevelopment, New York 1972

(18) Vgl. hierzu: Osvaldo Sunkel, La inflación chilena, un enfoque heterodoxo, El Trimestre Económico 1958, p. 570 ff; ders.: El fracaso de las politicas de estabilisación en el contexto del proceso de desarrollo latinoaméricano, El Trimestre Económico 1963, p. 620 ff, sowie Dudley Seers, A Theory of Inflation and Growth in Underdeveloped Economies Based on the Experience of Latin America, Oxford Economic Papers 1962, pp. 173 ff

(19) Hans J. Bodenhöfer, Bedarfsprognosen und Bildungsplanung in Entwicklungsländern, Zeitschrift für Berufs- uhd Wirtschaftspädagogik, 77. Bd., H. 6 (1981), S. 407, vgl. auch den Beitrag Bodenhöfers in diesem Band.

(20) IBRD, World Development Report 1980, p. 46

(21) Ibid., p. 49

(22) Myrdal, 1978, p. 19

(23) IBRD 1980, p. 51, Zur Problematik dieser Pflanzensorten vgl. Hans Diefenbacher, Ernährung der Menschen vom „Fortschritt" bedroht, Wie die Agromultis die Vielfalt der Saatgutsorten gefährden, BOKU-Blätter, Sondernummer „Hunger ist kein Schicksal", Wien 1980, S. 15 ff, oder Silvio Bertolami, Für wen die Saat aufgeht, Pflanzenzucht im Dienste der Konzerne, Basel 1981

(24) Vgl. Guy Belloncle, Marx et l'Afrique, Nouvelles réflexions sur la lettre à Vera Zassoulitch, Présence Africaine, no. 112 (1979), p. 4

(25) Ragnar Nurkse, Some International Aspects of the Problem of Economic Development; John H. Adler, The Fiscal and Monetary Implementation of Development Programs, sowie die Diskussionsbeiträge hierzu von Horst Mendershausen, Hans P. Neisser, H. W. Singer und Oscar Zaglits, alle in: American Economic Review, Papers and Proceedings, May 1952, pp. 571 ff. Der Aufsatz von Nurkse, in gekürzter

Form, findet sich bei E. und M. Streißler (Hg.), Konsum und Nachfrage, Köln/Berlin 1966 in deutscher Übersetzung. Die Herausgeber verweisen auch auf kritische Stimmen hierzu. Nurkses Vorträge in Brasilien finden sich in seinem Buch: Problems of Capital Formation in Underdeveloped Countries, New York 1953 (Neuauflage 1961).

(26) Nurkse, AER, May 1952, p. 579

(27) Nurkse, zit. aus Streißler (Hg.), S. 307

(28) Adler, p. 585. Adler nennt diese Lösung zuerst und verweist auch auf die Probleme des Auslandskapitals: der Schuldendienst würde bald unerträglich schwer werden.

(29) Vgl. z. B. Gunnar Myrdal, The „Soft State" in Underdeveloped Countries, in: P. Streeten(ed), Unfashionable Economics-Essays in Honour of Lord Balogh, London 1970. Besonders scharf hat sich Myrdal jüngst über die korrupten „ausbeutenden Cliquen" geäußert (Nödhjälp i stället för utvecklingsbistånd, Ekomisk Debatt 8/1980). Mittlerweile hält Myrdal interne Reformen sogar für wichtiger und wesentlicher für eine Entwicklung des Südens als alle Zugeständnisse des Nordens, die man realistischerweise erwarten kann (Nödhjälp i stället för utvecklingshjälp – Svar till Jerlström, Ekonomisk Debatt 4/81).

(30) Celso Furtado, Capital Formation and Economic Development, in: A. N. Argawala & S. P. Singh, The Economics of Underdevelopment, London etc. 1958, pp. 309 ff

(31) Peter Thomas Bauer, Entwicklungsländer II – Ökonomische Problematik, in: Handwörterbuch der Sozialwissenschaften, Dritter Band, Stuttgart/Tübingen/Göttingen 1961, S. 245 f, sowie ders.: Economic Analysis and Policy in Underdeveloped Countries, London 1966, pp. 63 ff. Zu Nurkse s. seine Diskussionsmeldung zum Viner-Referat, in Zeitschrift für Nationalökonomie 1958, S. 55.

(32) Jacob Viner, Stabilität und Fortschritt: Das Problem der armen Länder, Zeitschrift für Nationalökonomie 1958, S. 36 f

(33) Alpha C. Chiang, Der „Demonstrationseffekt" in einer gespaltenen Wirtschaft, in: E. & M. Streißler (Hg.), S. 309 ff

(34) Dieter Senghaas, Weltwirtschaftsordnung und Entwicklungspolitik – Plädoyer für Dissoziation, Frankfurt/Main 1978

(35) Frantz Fanon, Schwarze Haut, weiße Masken, Frankfurt/M. 1980, S. 19

(36) Mazrui, p. 296

(37) Benoît Verhaegen, Le catene della dipendenza: il caso dello Zaire, in: Medori, p. 179/180

(38) Volker Bornschier u.a., Multinationale Konzerne, Wirtschaftspolitik und nationale Entwicklung im Weltsystem, Frankfurt/New York 1980

(39) K. P. Sauvant/B. Menis, Socio-cultural Investments within the International Political Economy of North-South Relations: The Role of Transnational Enterprises, IFDA-Dossier 12 (Oct. 1979), p. 90

(40) Vgl. hier die Kritik des UNRISD an den Daten (zur Einkommensverteilung z. B. D. McGranahan, International Comparability of Statistics

on Income Distribution, Geneva 1979). Auch Myrdal hat immer wieder auf die Problematik der Verläßlichkeit der Daten hingewiesen und das zu große Vertrauen der Ökonomen gerügt.

(41) Robert S. McNamara, Address to the United Nations Conference on Trade and Development, Santiago 1972 (IBRD), vgl. zur Verelendung auch Kunibert Raffer, die Neue Weltwirtschaftsordnung – ein Verteilungskampf der Privilegierten, Österreichische Zeitschrift für Politikwissenschaft 81/2, S. 165 ff, sowie die dort zitierte Literatur.

(42) Medhi Krongkaew, The Determination of Poverty Band in Thailand, und Ishak Shari, Estimation of Poverty Lines and the Incidence of Poverty in Peninsular Malaysia 1973, beide in: The Philippine Economic Journal 1980, No. 2. Es handelt sich dabei um Referate, die auf einem Seminar über Armut in Asien präsentiert wurden, das von den Toyota, Rockefeller und Ford Foundations, sowie US-AID finanziell unterstützt wurde.

(43) Samir Amin, Zur Theorie von Akkumulation und Entwicklung in der gegenwärtigen Weltgesellschaft, in: D. Senghaas (Hg.) Peripherer Kapitalismus, Analysen über Abhängigkeit und Unterentwicklung, Frankfurt/M. 1981, S. 71 ff

(44) R. A. Brecher/J. N. Bhagwati, Foreign Ownership and the Theory of Trade and Welfare, Journal of Political Economy, June 1981, pp. 497 ff. Wie die Autoren anmerken, läßt sich die Unterscheidung auch mit anderen Kriterien (Rasse etc.) als nach dem Inländerkriterium treffen.

(45) Vgl. IBRD, World Development Report 1980, p. 61 f, sowie Barnet/Müller, S. 162 f

(46) Vic Sutton, Breast is Best, IFDA-Dossier 15 (Jan./Febr. 1980), pp. 120/121

(47) Vgl. Kunibert Raffer, Hunger und Unterentwicklung, BOKU-Blätter, Sondernummer, S. 5 ff, sowie die dort angegebene Literatur.

(48) Verhaegen, p. 186

(49) William E. Brock, Toward an Open International Trade Regime, Economic Impact No 36 (1981/4), esp. p. 80, vgl. auch: The Importance of Trade in Services, An Interview with R. Self, Economic Impact, no. 38 (1982/2), pp. 34 ff. Dieses Journal wird vom US-ICA herausgegeben. Schon heute dominieren westliche Unternehmen, wie sich z.B. anhand der Kommunikationsstrukturen gut zeigen läßt: vgl. B. Signitzer, H. H. Fabris, Für eine neue Weltinformations- und Kommunikationsordnung, in: M. Kopeinig/K. Raffer (Hg) Aktuelle Beiträge zur Entwicklungspolitik, Wien 1980 (ÖIE), bes. S. 52

Hans Joachim Bodenhöfer

Bildung und Entwicklung – Erfahrungen und neue Ansätze

Der Zusammenhang von Bildung und Entwicklung wurde und wird als ein Schlüsselbereich für die Ziele der Entwicklungspolitik gesehen, gleichgültig, ob diese Ziele im konventionellen Sinn und Maßstab als wirtschaftliches Wachstum definiert sind, ob sie als größere wirtschaftliche Unabhängigkeit politisch verstanden werden, ob sie als die Befriedigung von Grundbedürfnissen für die Mehrheit der Armen konzipiert sind oder ob sie in der „self-reliance" eines eigenständigen Entwicklungsmodells liegen. Gleichzeitig hat der Bildungsbereich eine wichtige Stellung in der Politik von internationalen Organisationen und der wichtigen Geberländer von Entwicklungshilfe eingenommen und nimmt sie unverändert ein. Nicht zu übersehen ist jedoch auch für die neuere entwicklungspolitische Diskussion eine zunehmende Skepsis gegenüber bisheriger Philosophie und Praxis der Bildungspolitik, eine zum Teil radikale Kritik und die Suche nach neuen Ansatzpunkten.

Für den gesamten Bereich der Entwicklungshilfe hat Gunnar Myrdal vor wenigen Jahren hierzu eine besonders radikale Position bezogen – derselbe Gunnar Myrdal, der maßgeblichen Anteil an der Formulierung der Entwicklungshilfepolitik seines Heimatlandes Schweden hatte, die bis heute als beispielgebend gelten kann. Im Prinzip geht diese radikale Kritik dahin, die Zusammenarbeit mit all den Ländern zu beenden, die aufgrund unzureichender politisch-gesellschaftlicher Rahmenbedingungen eine Entwicklung im Interesse der Bevölkerungsmehrheit, d. h. der Mehrheit der Armen, nicht erwarten lassen, in denen eine ausbeuterische Oligarchie und Staatsführung, die an die Stelle kolonialistischer Ausbeutung getreten ist, ein wesentliches Element der „Entwicklung von Unterentwicklung" darstellt. Entwicklungshilfe sollte sich demgegenüber, von den relativ wenigen Ländern eines alternativen Entwicklungskonzepts abgesehen, auf humanitäre Aspekte im Sinne von Katastrophenhilfe beschränken.

Für den Zusammenhang von Bildung und Entwicklung lassen sich deutlich verschiedene Phasen der Diskussion in den letzten 20 bis 30 Jahren aufzeigen: von einer relativen Vernachlässigung des Bildungswesens, über die bildungsoptimistische Phase vor allem der sechziger Jahre bis zur zunehmenden Kritik und skeptischen Beurteilung in den letzten Jahren (1). Ich möchte diese Entwicklung kurz nachzeichnen und dann auf die mir wesentlich erscheinenden Probleme der Bildungspolitik eingehen, die zu der Frage von Reformnotwendigkeiten und Reformmöglichkeiten führen.

Die Entwicklungspolitik der fünfziger Jahre war deutlich vom Vorrang von Investitionen in die Infrastruktur bestimmt: materielle Infrastruktur in Form von Verkehrswegen, Energieversorgung, Kommunikationssystemen usw. sollte die Voraussetzungen produktiver Investitionen schaffen und verbessern; über die induzierte Entwicklung eines modernen industriellen Sektors und das „trickling down" von Wachstumsimpulsen im gesamten sozio-ökonomischen System sollte ein umfassender, selbsttragender Prozeß des wirtschaftlichen Wachstums initiiert werden. Diese Politik, wie sie sich etwa in der Politik der Weltbank besonders deutlich niedergeschlagen hat, hat die in sie gesetzten Erwartungen in mehrfacher Hinsicht nicht erfüllt (2). Als ein wesentliches Hemmnis der wirtschaftlichen Entwicklung wurde vor allem ein unzureichender Entwicklungsstand der institutionellen und immateriellen Infrastruktur wirksam: die geringe Leistungsfähigkeit bzw. Ineffizienz administrativer Strukturen (Planungskapazität, Bürokratismus, Korruption, „weicher" Staat) und der Engpaß an ausgebildeten Fachkräften und Führungspersonal.

Der Prozeß des Umdenkens, der durch diese Erfahrungen angestoßen wurde, traf zusammen mit neuen Entwicklungen in der Wachstumstheorie und überraschenden Ergebnissen empirischer Forschung zum wirtschaftlichen Wachstum in den Industrieländern. Es hatte sich gezeigt, daß die Zunahme der gesamtwirtschaftlichen Produktion im längerfristigen Prozeß wirtschaftlichen Wachstums nur zum Teil durch den Mehreinsatz von Kapital und Arbeit erklärt werden konnte. Der „unerklärte Rest", ein „dritter Faktor", zum Teil auch einfach als Effekt des technischen Fortschritts definiert, war zunächst nichts anderes als ein Maß unserer Unwissenheit über die Bedingungen und Faktoren wirtschaftlichen Wachstums. Eine wichtige Komponente des unerklärten Restes schien jedenfalls in der Qualifikation der Arbeitskräfte zu liegen. Die Bildungsökonomie hat mit dem Humankapitalkonzept einen Weg gefunden, die „Qualität" des Arbeitskräftepotentials in die Analyse von Wachstumsprozessen zu integrieren und im Ergebnis einen hohen Beitrag dieses Faktors zum wirtschaftlichen Wachstum nachgewiesen.

Die ökonomische Logik dieser Untersuchungen zum Zusammenhang von Bildung und Wirtschaftswachstum hat nicht nur die bildungspolitische Diskussion in den Industrieländern in den sechziger Jahren stark bestimmt, sondern ebenso den „Bildungsoptimismus" in Theorie und Praxis der Entwicklungspolitik (3). Der Ausbau des Bildungswesens in den Entwicklungsländern wurde nicht nur als notwendiges Korrelat einer insgesamten ökonomisch-gesellschaftlichen Entwicklung begriffen, sondern darüber hinaus als aktiv entwicklungsförderndes Element, geradezu als strategischer Ansatzpunkt für ein Ausbrechen aus dem Zirkel der Unterentwicklung. Vermehrte Bildung sollte Engpässe des wirtschaftlichen Wachstums aus der Verfügbarkeit qualifizierter Arbeitskräfte beseitigen, die Produktivität aller Sektoren der Volkswirtschaft, von der traditionellen Landwirtschaft bis zur modernen Industrie erhöhen, den Prozeß der Innovation ökonomisch-technischer Strukturen beschleunigen, unternehmerisches Talent und wirtschaftliche Leistungsfähigkeit in einem umfassenden Sinn freisetzen, ökonomisch-rationale Verhaltensweisen und Wertorientierungen begründen, aber auch den Gesundheitszustand und die Ernährung verbessern oder die hohen Geburtenraten als ein wesentliches Wachstumshemmnis senken.

Unabhängig von diesen ökonomischen Begründungen der Bildungsexpansion wurde der „Bildungsoptimismus" der sechziger Jahre auch aus der Sicht von Bildung in einem umfassenderen Prozeß der gesellschaftlich-politischen Entwicklung bestimmt: Bildung wurde als wirksames Instrument für den Prozeß der gesellschaftlichen Integration und der geplanten Modernisierung der Gesellschaft begriffen, Bildung wurde als entscheidender Ansatzpunkt der Nationsbildung gesehen und Bildung erschien als Voraussetzung der „Indigenisation", d. h. vor allem der Ersetzung ausländischer Fachkräfte, die in vielen Ländern auch nach der politischen Unabhängigkeit noch Schlüsselpositionen einnahmen. Gesellschaftliche Integration und Nationsbildung war für viele Entwicklungsländer aufgrund ethnischer Diversifität, traditioneller Stammesstrukturen und Sprachenvielfalt, aber auch aufgrund der willkürlich bestimmten Grenzen aus der Kolonialzeit ein besonderes Problem, dem durch ein einheitliches und umfassendes Schulsystem, die Rückbesinnung auf kulturelle Identität und die eigene Geschichte, durch die Förderung einer Verkehrssprache sowie durch politische Bildung begegnet werden sollte.

Der tatsächliche Verlauf der Bildungsexpansion zeigt in den meisten Entwicklungsländern hohe Zuwachsraten von Schülerzahlen, Schulbesuchsquoten, Lehrerzahlen und Bildungsausgaben. Für den Primarschulbereich liegt im Durchschnitt aller Entwicklungsländer die Schulbesuchsquote anfangs der siebziger Jahre bei 70 Prozent; gegenüber den höheren Werten der anderen Regionen, insbesondere Lateinamerikas, stehen die afrikanischen Länder südlich der Sahara dabei noch bei etwa 50 Prozent (4). Deutlich höhere Zuwachsraten hat in vielen Ländern der Sekundar- und Hochschulbesuch erreicht. Gegenüber den ehrgeizigen Entwicklungsplänen vom Anfang der sechziger Jahre blieb die Entwicklung dennoch hinter den Zielwerten für die Programme der Alphabetisierung und des Ausbaus des formalen Bildungssystems deutlich zurück. So war es das Ziel des UNESCO-Programms für eine „Weltkampagne zur Bekämpfung des Analphabetismus" von 1961, bis 1970 die Alphabetisierung aller Erwachsenen unter 50 Jahren zu erreichen. Nicht zuletzt aufgrund des hohen Geburtenzuwachses nimmt jedoch insgesamt die absolute Zahl der Analphabeten noch zu. Für die Entwicklung des formalen Bildungssystems wurden in Plänen für die großen Entwicklungsregionen (Karachi-Plan 1960, Addis-Abeba-Plan 1961 und Santiago-Plan 1962) Zielwerte festgelegt, die allerdings von vornherein als unrealistisch gelten mußten. Viele Länder sind heute zudem an den Grenzen ihrer finanziellen Möglichkeiten für den Ausbau des Bildungswesens angekommen. Für alle Entwicklungsländer zusammengefaßt sind die gesamten öffentlichen Ausgaben für Bildung von 9 Mrd. Dollar (1960, d. h. 2,4 % des BSP) auf 38 Mrd. Dollar (1976, d. h. 4 % des BSP) gestiegen (5). Diese Grenzen machen sich bereits in zunehmenden Schwierigkeiten der Finanzierung der laufenden Kosten des Bildungswesens bemerkbar; in einzelnen Ländern hat dies zu Schulen ohne Bücher und sogar ohne Schreibpapier geführt.

Auch wenn die Erfolgsbilanz der quantitativen Bildungsexpansion mit dem Hinweis auf hohe Ausfallsraten und teilweise bescheidene Qualitätsstandards von Schulen und Hochschulen relativiert werden muß, liegen die entscheidenden Probleme doch auf einer anderen Ebene. Diese Entwicklungsprobleme des Bildungsbereiches, die zugleich Anlaß geben für eine kritische Sicht von bisheriger Theorie und Praxis der Bildungspolitik bzw. für eine skeptische Beurteilung ihrer Resultate, sollen im folgenden in drei Punkten zusammengefaßt werden.

1. der Ungleichgewichte in der Expansion des Bildungswesens
2. der Expansion in bestehenden Strukturen und
3. der Orientierung auf den modernen, urbanen Sektor.

Zu 1.: Gegenüber der insgesamten Zunahme des Schulbesuchs ist zunächst auf unterschiedliche Schulbesuchsquoten hinzuweisen, die vor allem eine Benachteiligung der Armen, der ländlichen Bevölkerung und von Mädchen erkennen lassen. Mit Ausnahme von Lateinamerika erreicht der Schulbesuch von Mädchen auf allen Ebenen oft nur die Hälfte der Schulbesuchsquote von Jungen. Ähnliche Diskrepanzen gelten für den relativen Schulbesuch im Vergleich von ländlichen und städtischen Regionen sowie im Vergleich nach sozioökonomischem Herkunftsstatus bzw. Familieneinkommen der Schüler, für die jedoch nur fragmentarische Daten vorliegen.

Für den potentiellen Entwicklungsbeitrag der Bildungsexpansion vielleicht noch bedeutsamer sind Ungleichgewichte im Hinblick auf die verschiedenen Stufen und Zweige des Bildungswesens. Ein entsprechender Indikator liegt zunächst in den Bildungsausgaben je Schüler: während in den Industrieländern die öffentlichen Bildungsausgaben je Hochschüler den doppelten Betrag der Ausgaben je Primarschüler erreichen, liegt diese Relation in den Entwicklungsländern zwischen dem achtfachen (Lateinamerika und Karibik) und dem hundertfachen (in Afrika südlich der Sahara: 3.819 bzw. 38 Dollar (1976)) (6). Es ist evident, daß diese Unterschiede der Bildungsausgaben je Schüler bzw. Hochschüler den möglichen Ausbau der verschiedenen Stufen des Bildungswesens unmittelbar beeinflussen. Es ist jedoch durchaus fraglich, ob diese Allokationsentscheidungen die Prioritäten für Investitionen im Bildungsbereich im Hinblick auf die wirtschaftliche Entwicklung adäquat reflektieren.

Ein wichtiger Indikator für diese Frage liegt in der Ermittlung der Produktivitäts- und Einkommenseffekte von Bildung, d. h. des ökonomisch-monetären Ertrags von Kenntnissen, Fähigkeiten und Verhaltensweisen, wie sie durch Bildungsprozesse vermittelt werden. Entsprechende empirische Untersuchungen liegen sowohl für den Zusammenhang von Bildung und Einkommen im modernen Sektor, als vor allem auch für den Bereich der Landwirtschaft, d. h. für den Einfluß der Ausbildung von Farmern auf die landwirtschaftliche Produktion vor. Generell weist das Ergebnis derartiger Untersuchungen auf eine besonders hohe Ertragsrate der Primarschulbildung hin, während Sekundar- und Hochschulbildung eine geringere Rentabilität erreichen (7).

Der Primarschulbildung kommt vor allem für die Überwindung der absoluten Armut besondere Bedeutung zu. Mit dem Ausbau der

Primarschulbildung, die die Bildungssituation der ländlichen Gebiete, der Armen und der Mädchen verbessern müßte, wäre zugleich ein positiver Verteilungseffekt bei den öffentlichen Ausgaben zugunsten der ärmeren Bevölkerungsgruppen verbunden (während umgekehrt die Ausgaben für den Sekundar- und Hochschulbereich in der Tendenz Einkommen von den Armen zugunsten der Reichen umverteilen, die praktisch allein den Zugang zu höherer Bildung haben). Der Entwicklungsbeitrag eines Ausbaus der Primarschulbildung liegt dabei nicht nur in den ökonomischen Erträgen der höheren Produktivität ausgebildeter Farmer oder Arbeitskräfte, sondern auch im Einfluß auf die Gesundheit, die Fruchtbarkeit oder die Erziehung der nächsten Generation.

Gerade in diesem Zusammenhang kommt dem höheren Schulbesuch von Mädchen eine besondere Bedeutung zu; unabhängig von den Chancen einer entlohnten oder selbständigen Beschäftigung von Frauen am Arbeitsmarkt, die sich mit verbesserter Ausbildung erhöhen, liegt in der Senkung der Fruchtbarkeit (durch spätere Heirat, Berufstätigkeit und Wissen und Nutzung von Kontrazeptiva) sowie in der erhöhten Überlebenswahrscheinlichkeit, der besseren Ernährung und der besseren Erziehung der Kinder von Müttern mit mehr Schulbildung ein wesentlicher Beitrag zur gesellschaftlichen Wohlfahrt und Entwicklung.

Die Bildungspolitik vieler Entwicklungsländer hat demgegenüber, aus Gründen, auf die noch zurückzukommen sein wird, den Primarbereich gegenüber dem Sekundar- und Hochschulbereich relativ vernachlässigt. Der Hochschulbereich hat eine weitaus raschere Entwicklung genommen als vorausgesehen: um 1960 hatten 19 Staaten Schwarzafrikas Einrichtungen im Hochschulbereich, die Zahl der Studenten betrug etwa 28.000 (davon die Hälfte im Ausland); die Hochschulkonferenz der UNESCO in Tananarive 1962 stellte fest, daß Schwarzafrika in 20 Jahren auf insgesamt 32 Hochschuleinrichtungen kommen müsse; 1974 wiesen die 33 Staaten Schwarzafrikas bereits 42 Universitäten mit rund 120.000 Studenten auf, neben sonstigen Lehrstätten des tertiären Bereichs (8). Innerhalb des Hochschulbereichs wurden zudem zunächst die Rechts-, Geistes-, Sozial- und politischen Wissenschaften aufgebaut, während Landwirtschaft, Medizin und Technik hinterherhinken.

Von den hohen Bildungsausgaben je Schüler und Student war bereits die Rede. Unabhängig von anderen Möglichkeiten, diese Kosten des Sekundar- und Hochschulbereiches zu senken, wird man auch davon ausgehen müssen, daß die Familien der Schüler zu wenig für den Schul- und Hochschulbesuch bezahlen. Im allgemeinen stammen diese Schüler und Studenten aus Familien mit weit überdurchschnittlichem sozialen Status; die Zahlungsfähigkeit und -bereitschaft dieser Familien wird in einigen Ländern mit dem vielfältigen Angebot privater Bildungsinstitutionen deutlich demonstriert. Bei den beträchtlichen Vorteilen höherer Bildung sind hohe, auch kostendeckende Gebühren des Schul- und Hochschulbesuchs durchaus vertretbar (ergänzt durch Stipendien für Schüler mit unzureichender finanzieller Leistungsfähigkeit). Der Druck auf den weiteren Ausbau des Sekundar- und Hochschulbereichs würde hierdurch reduziert, gleichzeitig jedoch würden Mittel frei für die Expansion aller Bildungsbereiche. Die Kapazitäten weiterführender und höherer Bildung werden in jedem Fall noch auf lange Zeit weit unter der Nachfrage nach Bildungsplätzen liegen. Die Frage des kostenfreien Schul- und Hochschulbesuchs müßte für die meisten Entwicklungsländer daher weniger eine Frage des „Ob“ als vielmehr des „Wann“ sein.

Ebenso relativ vernachlässigt gegenüber allgemeinbildenden Sekundarschulen und Hochschulen blieb der gesamte Bereich der beruflichen Bildung. Aus der Kolonialzeit vorhandene gewerbliche Schulen wurden zum Teil abgeschafft, zumindest vielfach vernachlässigt, da sie als die „Eingeborenenschulen“ der Kolonialzeit als Relikt einer überwundenen Epoche erschienen. Die Disparität in der Entwicklung von Allgemeinbildung und Berufsbildung wird durch spezifische Defizite der beruflichen Bildung noch verschärft.

Gegenüber einer formalisierten Ausbildung in Betrieben wie der Lehrausbildung und gegenüber vielfältigen Formen der informellen beruflichen Bildung „on-the-job“ oder in Kursen der verschiedensten Art, kommt in der Regel einer „verschulten“ Ausbildung in Gewerbe- und Fachschulen besondere Bedeutung zu. Mit der Bevorzugung schulischer Lernorte und schulischen Lernformen ist eine stark theorieorientierte Ausbildung, die Beschränkung auf kognitive Dimensionen der beruflichen Qualifikation und ein prüfungsbezogenes, auf abfragbares Wissen bezogenes Lernen verbunden. Das Problem einer derart „verschulten“ Ausbildung liegt nicht allein in mangelnder Berufsfertigkeit der Absolventen oder in einem „Praxisschock“ beim Übertritt in das Berufsleben, sondern auch im Einfluß der Praxisferne der Ausbildung auf die Erwartungen und die beruflichen Orientierungen der Absolventen, die vorzugsweise administrative Funktionen eine Lehrtätigkeit oder die Höherqualifizierung zum Techniker und Ingenieur anstreben (9).

Zu 2.: Die Bildungsexpansion ist zumeist im Rahmen der bestehenden Strukturen des Bildungswesens erfolgt. Diese Strukturen waren mehr oder weniger von kolonialem Erbe geprägt, mit Unterschieden, die sich aus unterschiedlichen Bedingungen und Zielen kolonialer Politik ergaben (Zielsetzung der Assimilation bzw. Betonung kultureller Unterschiede, Ziel der Entwicklung oder Verhinderung eigenständiger politischer Strukturen, Bedeutung privater Initiativen im Bildungswesen (Missionen), reiche und arme Kolonien, Vorhandensein traditionaler, nicht-europäischer Bildungssysteme bzw. Integration dieser autochthonen Ansätze in das moderne System) (10).

Grundsätzlich sind die Zielvorstellungen für die Entwicklung des Bildungsbereichs, die anzustrebenden Qualitätsstandards, die Forschung an den Hochschulen usw. auch heute überwiegend vom Leitbild der Industriestaaten geprägt. Die „Entkolonialisierung" der Schule bedeutete vor allem die Ersetzung vormals europäischer Bildungsinhalte durch einheimische, insbesondere in Fächern wie Geschichte, Geographie und Literatur, sowie den Unterricht in der lokalen Sprache, zumindest im Primarbereich. Der Prozeß der Emanzipation von den Erziehungs- und Wissenschaftssystemen der Industrieländer steht damit noch ziemlich am Anfang. Grundlegende Strukturreformen des Bildungssystems sind demgegenüber kaum Gegenstand bildungspolitischer Auseinandersetzung. Ziel und Inhalte von Bildung sind „schulisch" bestimmt: die Primarstufe dient der Vorbereitung für den Übergang in die Sekundarstufe, die Sekundarschule hat ihr Ziel im Übergang zum Hochschulbereich – dies, obwohl nur eine kleine Minderheit der jeweiligen Absolventen die Chance des Übergangs in weiterführende und höhere Bildung besitzt und 40 und mehr Prozent der Schüler der Eingangsstufe den vorgesehenen Abschluß nicht erreichen.

Schule dient damit vor allem als Selektionsinstrument für den Zugang zu den knappen Positionen herausgehobener beruflicher Tätigkeit, hohen Einkommens und hohen Status in der Gesellschaft. Dieses riesige Vorbereitungs- und rigorose Auslesesystem für die Zulassung zum akademischen Studium muß zur Entfremdung gegenüber der Lebenswelt und Umwelt der Schüler führen und zur Frustration der Vielen, die vorzeitig ausscheiden oder das Nadelöhr der Zulassungsbeschränkungen nicht passieren. Eine solche Schule bedeutet zugleich den Verzicht auf Bildung mit einer anderen Funktion, auf Bildung, die einen wesentlichen Beitrag zur ökonomischen und gesellschaftlichen Entwicklung leisten kann.

Im Bereich der Hochschulen setzt sich die Orientierung an „westlichen" Traditionen und Standards fort, noch verstärkt durch die Lehre in einer europäischen Sprache, anhand ausländischer Lehrbücher und vielfach auch durch den Einsatz ausländischer Dozenten. Mit der akademisch-elitären Orientierung geht die Berufserwartung auf eine Beschäftigung im öffentlichen Dienst und auf eine planend-verwaltende Tätigkeit einher, ganz abgesehen von den Einkommens- und allgemeinen Statuserwartungen, die sich eher an ausländischen oder kolonialen Vorbildern orientieren, als am Entwicklungsstand des Landes.

Für den Bereich der beruflichen Bildung schließlich hat die Expansion im bestehenden System, mit der Orientierung am Leitbild der Industrieländer und verstärkt noch mit einer großen Zahl von Entwicklungshilfeprojekten im Berufsbildungsbereich, zu ähnlichen Problemen der Unangepaßtheit solcher ausländischer Modelle geführt. Besonders deutlich wird diese Unangepaßtheit an den hohen Investitions- und Betriebskosten von Gewerbe- und Fachschulen, die, im Wege technischer Zusammenarbeit eingerichtet, ihre gedachte Pilot- und Demonstrationsfunktion nicht erfüllen können. Bei hohem Niveau der technischen Ausstattung und der Ausbildungsstandards bleiben derartige Projekte auf fortdauernde ausländische Hilfe angewiesen oder sie sinken nach der Übergabe deutlich ab (mangelnde Ersatzteilversorgung, Veralten der Ausrüstung, insgesamt zu hohe Betriebskosten, Abwanderung qualifizierter Lehrkräfte). Mit der faktischen Ausbildung einer Qualifikationselite, die meist schon durch hohe Eingangsqualifikationen der Allgemeinbildung vorselektiert wird, geht die Ausbildung zudem am Fachkräftebedarf des industriell-gewerblichen Sektors, etwa am Ziel der Ausbildung von Facharbeitern, mehr oder weniger vorbei.

Zu 3.: Eng verbunden mit der Expansion im bestehenden System ist die Orientierung des Bildungswesens auf den modernen, urbanen Sektor. In der Bildungsplanung der sechziger Jahre spielte die Deckung des Fachkräftebedarfs für das geplante Wachstum des modernen, industriellen Sektors eine zentrale Rolle. Die Expansion des Sekundar- und Hochschulbereichs wird heute viel mehr von einer rasch wachsenden Bildungsnachfrage bestimmt, die höhere Bildung als Instanz der Zuteilung individueller Lebenschancen begreift und starken bildungspolitischen Druck in Richtung weiterer Expansion ausübt.

Gleichzeitig jedoch ist die Aufnahmefähigkeit und die Expansion des modernen Sektors deutlich beschränkt: langsames Wachstum der Beschäftigung in diesem Sektor und rasche Zunahme des Angebots an qualifizierten und hochqualifizierten Arbeitskräften haben in vielen Ländern zu einem zunehmend ungleichgewichtigen Arbeitsmarkt und zur „Produktion" qualifizierter Arbeitsloser durch das Bildungssystem geführt. Investitionen in Ausbildung statt in die Schaffung von Arbeitsplätzen lassen in diesem Fall das Bildungssystem zum Entwicklungshemmnis werden. Verstärkt wird dieser entwicklungshemmende Effekt noch durch die Erhöhung der Landflucht, wie sie vom attraktiven Bildungsangebot der Städte induziert wird, und durch das Phänomen der Erwartung bestimmter Berufstätigkeiten, einer intellektualistischen Einstellung von korrespondierender Abneigung gegen manuelle Arbeit, wie es mit dem Begriff des „white collar"-Komplexes beschrieben wird (11).

Insgesamt hat die Entwicklungspolitik der vergangenen Jahrzehnte den traditionellen und informellen Sektor relativ vernachlässigt, der doch in allen Entwicklungsländern mit großem Abstand die meisten Menschen beschäftigt; nur in diesem Sektor können für ein rasch wachsendes Arbeitskräftepotential in zureichender Zahl Beschäftigungs- und Einkommensmöglichkeiten geschaffen werden und nur die Entwicklung dieses Bereiches entscheidet über die Möglichkeit einer Verbesserung der Lebenssituation für die große Mehrheit der Bevölkerung (12). Die Bildungspolitik hat mit der Vernachlässigung dieses Sektors bzw. der ländlichen Regionen zu einer Verschärfung der dualen Strukturen von Wirtschaft, Beschäftigung und Bildung beigetragen, anstatt einen insgesamten und ausgewogenen Entwicklungsprozeß zu fördern. Die Bildungsbedürfnisse für die Entwicklung des traditionellen und informellen Sektors (traditionelle Landwirtschaft, Kleinindustrie, Gewerbe und Handwerk, Kleinhandel) betreffen dabei über das organisierte Bildungssystem, insbesondere die Primarschule hinaus, eine Vielfalt mehr oder weniger informeller Lernprozesse, die von der Lehr- und Anlernausbildung in Betrieben über vielfältige Kursangebote bis in den Bereich der Erwachsenenbildung reichen (13).

Welche Notwendigkeiten und Möglichkeiten der Bildungsreform lassen sich aus dieser kritischen Bestandsaufnahme von Struktur und Entwicklung des Bildungswesens in den Ländern der Dritten Welt ableiten? Gegenüber einer „Entkolonialisierung" des Bildungssystems, wie sie bislang zumeist verstanden wurde, das heißt, in Form eher marginaler Veränderungen von Inhalten und Methoden des Lernens, wird es jedenfalls um grundlegende Strukturreformen der Schule gehen müssen, wenn der potentielle Entwicklungsbeitrag von Bildung ausgeschöpft werden soll.

Ein erstes, grundsätzliches Problem liegt in der Frage der Reformfähigkeit bzw. -unfähigkeit der „Schule der Staatsoligarchie" (14). Soweit eine tiefergreifende bildungspolitische Diskussion der zentralen Entwicklungsfragen des Bildungsbereichs nicht gänzlich fehlt, fallen in den meisten Ländern zunächst ein fehlendes Reforminteresse bzw. das Scheitern bisheriger Reformbemühungen auf. In der Regel sind diese Länder durch Systeme einer mehr oder weniger autoritären Regierungsweise charakterisiert. Die in vielen Entwicklungsländern vorhandenen vorkolonialen demokratischen Traditionen hatten, nach eher kurzen Phasen demokratischer Strukturen im Gefolge der politischen Unabhängigkeit, keine Chance, auf die Gestaltung der neuen Staaten Einfluß zu nehmen. Im wesentlichen hat eine Ablösung der kolonialen Machtstrukturen durch eine einheimische Oligarchie stattgefunden, die mehr oder weniger zur autoritären Regierungsweise zurückkehrte (nicht allein, sondern nur besonders deutlich ausgeprägt in den vielen Fällen der Machtübernahme durch das Militär). Für diese oligarchische Führungsschicht liegt die Funktion des Bildungssystems in der Reproduktion einer Elite über den privilegierten Zugang zu weiterführender und höherer Bildung, die als soziale Dirigierungsstelle für herausgehobene Positionen in der Gesellschaft fungiert. Das Interesse an der Stabilität des Gesamtsystems kann zwar bei wachsender Bildungsnachfrage eine insgesamte Expansion des Bildungsbereichs begründen, doch schließt das Interesse der Privilegienerhaltung für die etablierte Führungselite tiefgreifende Reformen des Bildungssystems weitgehend aus.

Das Ziel derartiger Strukturreformen des Bildungsbereichs muß bereits für die Primarschule in einem engen Bezug der Lerninhalte und Lehrmethoden auf die reale Lebenssituation und die Umwelt der Schüler liegen. Die Nützlichkeit schulischen Lernens, eine unmittelbar einsichtige praktische Verwertbarkeit des erworbenen Wissens erfordert die Einbeziehung berufspraktischer bzw. berufsvorbereitender Elemente in den Lehrplan der Schulen. Nur dadurch kann die Schule dazu befähigen, die Lebens- und Arbeitswelt besser zu bewältigen und die Lebensqualität zu verbessern. Die kaum einsichtige Relevanz des Lernens in einer allgemeinbildenden Primarschule, die ihr Hauptziel in der Vorbereitung für die Sekundarschule sieht, die doch nur für eine kleine Minderheit offen steht, erscheint als ein wichtiger Grund für die hohen Abbrecherraten, wie sie viele Entwicklungsländer kennen. Ein Rückfall in den „sekundären" Analphabetismus für viele dieser Abbrecher, wie auch für viele Primarschulabsolventen, die ihr Lernen für die Schule später kaum nutzen können, bedeutet dann eine weitgehend verlorene Investition. Ein entwicklungswirksamer Beitrag von Investitionen im Bildungsbereich erfordert demgegenüber Bildungsziele und -inhalte, die die Menschen befähigen, sich selbst zu helfen, die Möglichkeiten ihrer realen Situation zu erkennen und diese zu verbessern.

In einigen Entwicklungsländern wurden mit einer solchen Zielorientierung tiefgreifende Bildungsreformen realisiert. Ihr charakteristisches Moment ist der Versuch einer Integration von Erziehung und produktiver Arbeit. Als Beispiele sind etwa die Bildungsreformen in Tansania und in den ehemaligen portugiesischen Kolonien (Angola, Mozambique) zu nennen (15). Auch in Kuba hat sich nach 1959 eine grundlegende Umgestaltung und ein weitreichender Ausbau des Bildungswesens vollzogen. Die wichtigsten Aspekte dieser Reformen sind

- ein umfassendes Programm der Erwachsenenbildung
- der Ausbau der Schulen, um die grundlegenden Bildungsbedürfnisse zu befriedigen mit Schwerpunkt im ländlichen Raum, der Förderung der Primar- und Sekundarschulen auf Kosten des Hochschulbereichs und der Förderung der beruflichen Bildung
- die Veränderung der Bildungsinhalte mit Betonung des frühen Erwerbs beruflich relevanter Kenntnisse und Fähigkeiten sowie von kollektiver Arbeit (für die Hochschulbildung bedeutete dies die Kombination von Arbeit im Beruf und Hochschulbesuch)
- die Finanzierung der Kosten dieses Programms (Werkstätten, Internatsschulen, allgemeine Expansion) zu einem wesentlichen Teil durch produktive Arbeit in den Schulen.

Empirisch-kritische Untersuchungen zum Verlauf dieser Reformen und zum praktischen Erfolg der Umsetzung der verschiedenen Reformmodelle stehen weitgehend noch aus (16). Neben enthusiastischen Berichten allgemeiner und eher oberflächlicher Art stehen kritische Stimmen auch aus diesen Ländern selbst, sowie Einzelbefunde, wie etwa die erhebliche Zahl privater Sekundarschulen in Tansania, die zumindest die enormen Schwierigkeiten eines solchen Reformansatzes deutlich machen. In anderen Ländern sind entsprechende Reformbestrebungen an dezidiertem Widerstand gescheitert; ein eindrucksvolles Beispiel hierzu bietet Rwanda (17).

In vielen Ländern scheint sich dagegen eher eine dualistische Struktur des Bildungswesens zu entwickeln: eine „ruralisierte" Schule für die ländlichen Regionen, eine traditionelle Schule für die städtischen Zentren (18). Darüber hinaus gibt es in einer Reihe von Entwicklungsländern im Berufsbildungsbereich interessante Modelle zur Ausbildung von Dorfhandwerkern und für kleine Farmer, wenn auch nur in Pilot-Projekten und als Einzelmaßnahmen noch ohne Breitenwirkung (19). Ein solcher Dualismus von Grundbildung für die überwiegende Mehrheit in Schulen, die als zweitklassig erscheinen *müssen*, und hergebrachtem, am Leitbild der Industrieländer orientierten Bildungssystem für eine privilegierte städtische Minderheit muß in besonderer Weise konfliktträchtig wirken. Es kann sich hieraus jedoch auch eine Entwicklungsdynamik ergeben, die in ihren möglichen Ergebnissen kaum abschätzbar scheint. Wenn die bisherige Entwicklung des Bildungswesens als Expansion ohne Reform und mit erheblichen Strukturungleichgewichten charakterisiert werden muß, liegt in solchen Teilreformen und Ausweichstrategien zumindest auch ein Element der Überwindung von Schule als Entwicklungshemmnis.

Anmerkungen

(1) Vgl. u.a. die „Weltbildungsberichte" der Weltbank 1971, 1974 und 1980 (zuletzt: World Bank: Education Sector Policy Paper, Washington D.C. 1980); H.N. Weiler: Education and Development – From the Age of Innocence to the Age of Scepticism, in: Comparative Education, Bd. 14,3 (1978); J. Simmons (Hg.): The Education Dilemma. Policy Issues for Developing Countries in the 1980s. Oxford 1980.

(2) Vgl. u.a. G. Myrdal: Ökonomische Theorie und unterentwickelte Regionen, Frankfurt/M. 1974; R. McNamara: Die Jahrhundertaufgabe – Entwicklung der Dritten Welt, Stuttgart 1974

(3) Vgl. u.a. F. Harbison und C.A. Myers: Education, Manpower and Economic Growth – Strategies of Human Resource Development, New York 1964; M. Blaug: Bildungsökonomie und Entwicklungsländer: Gegenwärtige Trends und neue Prioritäten, Berlin (Max-Planck-Institut für Bildungsforschung) 1978

(4) World Bank: World Development Report 1980, Washington D.C. 1980, Fig. 5.1, S. 47, vgl. auch: G. Carceles: Development of Education in the World – A Summary Statistical Review, in: International Review of Education, Bd. 25, 23 (1979)

(5) World Bank: World Development Report 1980 . . ., S. 46 (Preise von 1976)

(6) World Bank: World Development Report 1980 . . ., Tab. 5.1., S. 46

(7) Vgl. G. Psacharopoulos: Returns to Education: An International Comparison, Amsterdam 1973; Ders.: Returns to Education: An Updated International Comparison, in: Comparative Education, Bd. 17,3 (1981)

(8) Vgl. D. Goldschmidt: Förderung der Universitäten in der Dritten Welt – Entwicklungshilfe oder Irreleitung? in: Deutscher Akademischer Austauschdienst; Hochschule, Wissenschaft und Entwicklung in Afrika (Hg.), Bonn 1980

(9) Vgl. bereits P.J. Foster: The Vocational School Fallacy, in: Development Planning, in: C.A. Anderson und M.J. Bowman (Hg): Education and Economic Development, New York 1966

(10) Vgl. auch Th. Hanf u.a.: Erziehung – Ein Entwicklungshindernis?, in: Zeitschrift für Pädagogik, 23. Jg. H. 1 (1977)

(11) Vgl. z. B. H. N. Barnum und R. H. Scott: Education, Employment Probabilities, and Rural-Urban Migration in Tanzania, Oxford Bulletin of Economics and Statistics, Bd. 39 (1977)

(12) Vgl. u.a. H. Elsenhans: Die Überwindung von Unterentwicklung, in: D. Nohlen und F. Nuscheler, (Hg): Handbuch der Dritten Welt, Bd. 1, Hamburg 1974, S. 162–189; World Bank: Rural Enterprise and Nonform Employment. A World Bank Paper, Washington D.C. 1978; World Bank: Employment and Development of Small Enterprises – Sector Policy Paper, Washington D.C. 1978

(13) Vgl. u.a. Ph.H. Coombs and M. Ahmed: Attacking Rural Poverty: How Nonformal Education Can Help, Baltimore und London 1974; M. Ahmed und Ph. H. Coombs, (Hg): Education for Rural Development – Case Studies for Planners, New York 1975; J. Ramos u.a.: Training Workers in the Backward Sectors of the Economy, in: International Labour Review, Bd. 116,2 (1977)

(14) Th. Hanf: Die Schule der Staatsoligarchie – Zur Reformunfähigkeit des Bildungswesens in der Dritten Welt, in: Bildung und Entwicklung, 33. Jg., H. 5 (1980)

(15) Vgl. J. Cameron und W.A. Dodd: Society, Schools and Progress in Tanzania, Oxford 1970; D.R. Morrison: Education and Politics in Af-

rica – The Tanzanian Case, London 1976; Chr. Adick u. a.: Bildungsprobleme Afrikas – Zwischen Kolonialismus und Emanzipation, Berlin 1979

(16) Vgl. u.a. M. Carnoy und J. Wertheim: Cuba: Economic Chance and Education Reform 1955–1974, World Bank Staff Working Paper No. 317, Washington D.C. 1979; D. Pollmann: Die kubanische Erziehungsrevolution, in: Demokratische Erziehung, Bd. 2 (1976)

(17) Vgl. Th. Hanf: Die Schule der Staatsoligarchie . . . a.a.O.

(18) Vgl. u.a. S. Lingappa: Education and the Socio-Economic Environment – Recent Developments in Guinea (Division of Educational Policy and Planning, UNESCO, C 39), Paris 1977

(19) Vgl. u.a. UNDP/ILO: La Formation Professionnelle des Artisans Ruraux de Service – Republique de Haute – Volta – L'Organisation du Perfectionnement Professionel des Artisans et l'Etablissement des Ateliers Ruraux, Genf 1974; UNDP/ILO: Formation Professionnelle Rurale – Senegal – Consolidation des Centres de Perfectionnement Agricole et Artisanal Existants, y Compris la Formation des Instructeurs, Genf 1975; ILO: Training for Rural Gainful Activities – TRUGA. A Systems Approach, Genf 1980

Dieter Braunstein

Kulturelle Assimilation am Beispiel der frankophonen Entwicklungsländer

Wenn das hier zu behandelnde Thema „Kulturelle Assimilation am Beispiel *der* frankophonen Entwicklungsländer" heißt, so stellt dieser Arbeitstitel sicherlich eine nicht zulässige Generalisierung dar. Die kulturelle Assimilation als Basis und wichtigstes Element der aktuellen politischen und ökonomischen Abhängigkeiten kann tatsächlich nur an einem bestimmten Teil des ehemaligen französischen Kolonialreiches nachgewiesen werden. Denn nicht überall waren assimilatorische Methoden gleichermaßen „erfolgreich", da auch die Ausgangsbedingungen für einen kulturellen Widerstand unterschiedlich waren: Es wird zu zeigen sein, daß sich die neokolonialen Abhängigkeiten in Bildung und Technologie im ehemaligen Französisch-Schwarzafrika anders darstellen, als etwa in Indochina oder in Nordafrika. Als verbindliches Charakteristikum kann auch für die heutigen französischen Beziehungen zu den sogenannten Entwicklungsländern gelten, daß über die neokoloniale wirtschaftliche Globalabhängigkeit noch eine tief verwurzelte kulturelle besteht und diese in vielen Fällen das entscheidende Moment der ungleichen Beziehungen ist.

Die Entkolonisierung stellte meist keinen wirklichen Bruch zwischen dem Kolonialstaat und dem neuen unabhängigen Staat dar, vielmehr waren dessen Strukturen von Beginn an eine sklavische Kopie des Kolonialstaates (1). Schließlich hatten die Kolonisierten über Generationen eine kulturelle Gewalt ertragen, die ihnen eine eigene Identität schlicht absprach. Diese kulturelle Unterdrückung wirkt noch weit über das direkte koloniale System hinaus fort, indem — wie vor allem in Schwarzafrika festzustellen — den ehemaligen Kolonien eine eigene traditionsbewußte Entwicklung versagt bleibt und lediglich verschiedenste eurozentristische Modelle nachgeahmt werden.

Die Herrschaft der Europäer wurde dadurch abgesichert, indem die kulturelle Transformation akzeptiert wurde und das Bildungswesen eine Kultur vermittelte, die über Generationen als die einzig Wertvolle angepriesen worden war. Diese fremden verinnerlichten Kulturen waren auch nach der politischen Unabhängigkeit für die europäische Dominanz wohl entscheidender, als beispielsweise die sich über den Weltmarkt durchsetzenden neuen und alten wirtschaftlichen Abhängigkeiten. Kultur, Unterhaltung und Ausbildungswesen werden heute stärker denn je von den ehemaligen Kolonialmächten beherrscht; über Lehrer, Bildungsprogramme, Militärs und Techniker hatte es Frankreich verstanden, die Kontinuität einer auf die völlige Assimilation ausgerichteten Kolonialdoktrin weiter zu gewährleisten. Mit über 20.000 Fernsehsendestunden im Jahr exportiert Frankreich seine Leitbilder, Normen, Bedürfnisse und Konsumvorstellungen in den Großteil der ehemaligen Kolonien, wodurch die kulturelle Dominanz in vielen Bereichen des täglichen Lebens verfestigt wird (2).

Ursprünge und Ziele der Assimilationsstrategie

An dieser Stelle ist es angebracht, einen kurzen Exkurs auf die Grundmotivationen und Bedingungen der französischen Assimilationspolitik zu machen, um die Wirksamkeit und Besonderheit der heutigen Beziehungen vielleicht besser verstehen zu können. In der historischen Perspektive können assimilatorische Tendenzen bereits in der Kolonialpolitik des Ancien Régime festgestellt werden: dieses Merkmal galt aber auch für Portugal und Spanien, womit sich eine gewisse Gleichartigkeit der Kolonialorientierung der lateinischen Mächte nachweisen läßt. Tatsächlich aber bedeutet Assimilation in der Kolonialdoktrin des Ancien Régime in erster Linie wirtschaftliche, politische und administrative Unterwerfung: diese Doktrin des „Assujettissement" ließ im Sinne der Colbert'schen merkantilistischen Kolonialpolitik die systematische kulturelle Penetration noch weitgehend unbeachtet.

Dies änderte sich radikal mit der französischen Revolution von 1789. Die Republik war „une et indivisible" und die Kolonien bildeten einen integralen Bestandteil und mußten daher dem Mutterland in jeder Hinsicht angeglichen werden. Die umfassende Assimilation wurde zum Ideal der französischen Kolonialpolitik, mit der fortan alle Unterschiede zwischen dem überseeischen und dem kontinentalen Frankreich verwischt werden sollten. Rechts- und Verwaltungsordnungen wurden auf die Kolonien übertragen, da man im Sinne des republikanischen Messianismus diese für die besten und einzig nachahmungswürdigen hielt. Während also die vollkommene ökonomische Unterordnung der Kolonien unter die Bedürfnisse des Mutterlandes das herausragende Kennzeichen der Kolonialpolitik des Ancien Régime war, welches nun von der Revolution in Frage gestellt wurde, widersprach das britische Modell der beschränkten Beherrschung der staatsrechtlichen Vorstellung der Einheit der Republik.

Das humanitär-republikanische Credo der Liberté, Egalité und Fraternité war schließlich die Basis der Sklavenbefreiung, des Vertretungsrechtes der Kolonien in der Legislativen der Metropole und der kulturellen Angleichung in Rechtswesen, Bildung und Erziehung. Die Assimilation erschien folglich nicht zu unrecht als fortschrittlich und liberal. Demgegenüber wurden nach dieser Reformphase die Errungenschaften durch die unmittelbaren Nachfolgeregime – Erstes Kaiserreich, Restauration und Julimonarchie – mit der Wiedereinführung der Sklaverei, der Abschaffung der metropolitanen Vertretung der Kolonien und der neuerlichen absoluten wirtschaftlichen Dominanz des Mutterlandes, aufgegeben. Erst mit der neuerlichen und endgültigen Abschaffung der Sklaverei durch die Zweite Republik im Jahre 1848 und mit der Expansionspolitik der Dritten Republik nach 1871 begann die These der kulturellen Assimilation erneut von entscheidender Bedeutung zu werden. Inzwischen waren die sogenannten Vieilles Colonies – Guadeloupe, Martinique, Guyana und Réunion – nach drei Jahrhunderten französisierte, allein von den Colons dominierte Gesellschaften geworden, war Algerien seit 1848 Teil des nationalen Territoriums und entstanden mit Indochina und Schwarzafrika neue Experimentierfelder.

Die Assimilationsstrategien hatten jedoch verschiedenste Stufen hinsichtlich der staatsrechtlichen Unterscheidung der Territorien und auch deren Bewohner aufzuweisen. Nur die Einwohner der inkorporierten Kolonien waren automatisch französische Staatsangehörige, besaßen aber in ihrer großen Mehrheit nicht die französischen Bürgerrechte. Im Gegensatz zu den Bestimmungen für das Mutterland, wo Staatsangehörigkeit und Bürgerrechte gleichbedeutend waren, blieben die Bewohner der Kolonien, die nicht der Abstammung nach als Franzosen zählten, zunächst nur „sujets" (Untertanen) und mußten den Erwerb der Staatsbürgerschaft erst beantragen. Die dafür notwendigen Voraussetzungen unterschieden sich von Kolonie zu Kolonie sehr stark. Meistens gehörten hierzu der Verzicht auf die nichtchristliche Religion und auf gewisse Sitten, Bräuche und die Rechtssprechung, dazu kam noch die Beherrschung der französischen Sprache, ein bestimmtes Bildungsniveau und sogar das Tragen europäischer Kleidung. Das Ergebnis dieser Politik war, daß Frankreich noch 1939 etwa in Westafrika ein Kolonialreich besaß, welches fast ausschließlich aus „Untertanen“ bestand, da nur 0,5 Prozent der Bevölkerung französische Bürger waren (3). Nur in der Vieilles Colonies hatten schon 1833 alle freien französischen Staatsangehörigen die vollen Bürgerrechte zuerkannt erhalten, ein Prozeß, der mit der Sklavenbefreiung von 1848 verbreitert wurde und mit der Integration dieser „Alten Kolonien“ in das nationale Territorium 1946 seinen Abschluß fand.

Nach diesen Prinzipien war auch das Justiz- und Verwaltungswesen aufgebaut worden. Das französische Recht galt als das Beste und erhob damit automatisch Anspruch auf universelle Gültigkeit. Gemäß der strikten Unterscheidung zwischen französisierten „citoyens“ und den übrigen nichtassimilierten „sujets“ kamen vorerst in den Kolonien nur die Bürger in dessen Genuß, während die „sujets“ modifizierten lokalen Rechtsverfahren unterworfen blieben. Diese Doppeljustiz widersprach grundsätzlich dem Postulat der administrativen und kulturellen Angleichung daher ging das Bestreben vor allem seit der Dritten Republik in Richtung einer strikten Vereinheitlichung des Justizwesens, was sich jedoch aufgrund der Unterscheidung von Bürgern und Nichtbrügern auch langfristig als unmöglich erweisen sollte.

Assimilation – Assoziation – Unabhängigkeit

Die „mission civilisatrice“, der kulturhistorische Auftrag der französischen Nation, war schon während des 19. Jahrhunderts an die ersten Grenzen gestoßen: waren die Vieilles Colonies aufgrund ihrer jahrhundertelangen Unterworfenheit französisierte Gesellschaften geworden, so verhielt sich die Frage Französisch-Algeriens oder etwa Indochinas gänzlich anders, worauf noch später eingegangen wird. Tatsächlich erlebte die Kolonialdiskussion in der Phase des französischen Hochimperialismus am Beginn des 20. Jahrhunderts auch gleichzeitig die intensivste Auseinandersetzung hinsichtlich der Effizienz der Kolonialverwaltung. Die kulturelle Assimilation hatte inzwischen einerseits französisierte Gesellschaften auf Martinique, Guadeloupe, Réunion und einigen kleinen Enklaven des französischen Kolonialreiches hervorgebracht, andererseits aufgrund der äußerst brutalen Zerstörung der autochthonen Kulturen zu Widerständen und kostspieligen Kriegen geführt. Trotzdem folgten die Apologeten der französischen Kulturmission in Übersee unbeirrt der Vision eines überseeischen Frankreichs, getragen von den Prinzipien der großen Französischen Revolution. Stellvertretend sei hier Gabriel Hanotaux zitiert (4), der 1902 über die kolonisatorische Mission Frankreichs feststellte:

„Bei der Ausdehnung Frankreichs handelt es sich nicht um Eroberungs- und Machtpolitik, sondern darum, jenseits der Meere in Landstrichen, die gestern barbarisch waren, die Prinzipien einer Zivilisation zu verbreiten, deren sich zu rühmen eine der ältesten Nationen des Globus wohl das Recht besitzt. Es handelt sich darum, in der Nähe und in der Ferne ebensoviele, neue Frankreiche zu schaffen. Es handelt sich darum, unsere Sprache, unsere Sitten, unser Ideal den französischen und lateinischen Namen inmitten der stürmischen Konkurrenz der anderen Rassen, die alle auf demselben Wege marschieren, zu schützen. Die französische Ausdehnung hatte zu allen Zeiten zivilisatorischen und religiös-missionarischen Charakter ... Wenn die Kunst, die Literatur, die Sprache, der Geist Galliens nicht ausgesät worden wären, der Rest des Universums wäre unfruchtbar geblieben. Frankreich hat seine geistigen Töchter in alle Winkel des Planeten hinausgesandt." (5)

In diesem Sinne sollten aus den „sujets" längerfristig Franzosen werden und sich damit Poincarés Parole der „France des 100 millions" bewahrheiten. Auch für den ehemaligen Generalgouverneur Hubert Deschamps bedeutete die Assimilationspolitik den Vormarsch der Französischen Revolution (6). Demgegenüber hatte Jules Harmand zum ersten Mal 1910 in seiner Schrift „Domination et Colonisation" das unausweichliche Scheitern einer strikten Assimilationsstrategie prophezeit und in Anlehnung an britische Versuche einer indirekten Herrschaft den Übergang von der Assimilation zur Assoziation propagiert:

„Die neue Methode will das Los des Eingeborenen in jeder Hinsicht, aber nur auf für ihn fruchtbringenden Weg bessern . . . Jeder muß seinen Platz, seine Aufgabe und seine Rolle beibehalten. Die Sitten und Gebräuche und die Traditionen der Eingeborenen dürfen nur sehr wenig angetastet werden und vielmehr muß man sie sich zunutze machen, um die hier genannten Ziele zu erreichen. Die Assoziierung ist so, kurz gesagt, die systematische Ablehnung der Assimilierung und zielt darauf ab, an die Stelle des notwendigerweise starren und bedrückenden Regimes der direkten Verwaltung das der indirekten Herrschaft zu setzen, wobei man die Institutionen der unterworfenen Bevölkerung sorgsam und richtig erhalten und ihre Vergangenheit achten muß."(7)

Diese neue Sicht bedeutete ein erstes Eingeständnis des Scheiterns der Assimilationspolitik am Beginn unseres Jahrhunderts, ein Scheitern, das sich besonders in Algerien und in Indochina auch nachweisen läßt. Die vorsichtige Anknüpfung an die bekannten britischen Beherrschungsmodelle – erwähnt seien hier die Versuche Lord Lugards in Nordnigeria – ist jedoch nicht mit einer Aufgabe des noch immer verfolgten Zieles einer kulturellen Durchdringung der unterworfenen Gesellschaften gleichzusetzen. Polemisch wurden die britischen Kolonien weiterhin mit Naturschutzparks verglichen, in denen die traditionellen Gesellschaftsordnungen mit ihrem dekorativen Zeremoniell, den Tragsesseln, Kronen und geweihten Heiligtümern zur Freude der Ethnologen weiter existieren konnten (8). Die Befürworter der Assimilation führen auch heute noch den Vertretern der „indirect rule" vor Augen, daß mit der Wahrung der traditionellen Institutionen die neuen Nationalstaaten schlecht auf ihre politische Unabhängigkeit vorbereitet worden wären, während Frankreich – besonders in Schwarzafrika – durch die Einführung der europäischen Verhaltensweisen und der politischen Kultur diese Länder befähigte, nach „modernen Lösungen" zu suchen.

Diese Vergleiche bleiben meist im Fixieren von Idealtypen stekken, während sich in der Praxis die jeweiligen Methoden der Unterwerfung und der Verwaltung aufgrund der vorgefundenen Situation mehr ähnlich waren, als sich voneinander unterschieden. Trotzdem dürfte die britische Herrschaft – und hier unterscheidet sich meine Einschätzung punktuell von jener im Beitrag von Frau Teuber und Herrn Nzeribe dargelegten – mit ihrer wenigstens teilweisen Beanspruchung besonders afrikanischer Kulturwerte Verhältnisse geschaffen haben, die durch günstigere Bedingungen für die Rekonstruktion einer traditionellen Identität gekennzeichnet waren. Das französische System hingegen blieb wesentlich stärker auf Vereinheitlichung bedacht und verhinderte auch nach der Dekolonisation die Etablierung eines anderen Symbolsystems. Auch nach dem Zweiten Weltkrieg bewegte sich die offizielle Kolonialpolitik – ungeachtet der theoretischen Auseinandersetzungen zwischen Assimilations- und Assoziationsthese – auf der Ebene der fortschreitenden kulturellen Durchdringung. Das kulturmissionarische Sendungsbewußtsein sollte sich auch weiterhin in der totalen Dominanz der Kultur der Herrschenden und des Unterordnens, ja des Bekämpfens der einheimischen Sprachen und Bräuche äußern. Unbeeinflußt von den theoretischen Korrekturen blieb das Ziel der Französisierung bestehen, auch wenn in der Folge für dieses paternalistische Verhältnis neue staatsrechtliche Begriffe – wie „Union Française" oder „Communauté" – verwendet wurden. Die Kolonialprogramme dienten bestenfalls als Orientierungspunkte und die Assoziation war in der Praxis eine modifizierte Assimilation, wodurch politische Autonomiebestrebungen verhindert hätten werden sollen, was in einigen Fällen bis zum heutigen Tag gelang.

Integration, politisch-kulturelle Emanzipation und kulturelle Dependenz

An dieser Stelle muß in der Behandlung des Themas ein historisch-regionaler Einschnitt erfolgen, um eine Generalisierung zu vermeiden und die Besonderheiten und unterschiedlichen Ergebnisse der kulturellen Assimilation im französischen Kolonialreich zu verdeutlichen. Grundsätzlich lassen sich als Produkt dieser Politik drei große Bereiche feststellen:

Die DOM-TOM

Sie stellen jenen Typ von Überseeterritorien dar, in denen es Frankreich mehr oder weniger gelungen war, einheimische und hauptsächlich aus Afrika importierte Bevölkerungsgruppen vollständig zu assimilieren und damit französisierte Gesellschaften zu errichten. Die Départements d'Outre-Mer (DOM), Guadeloupe, Martinique, Guyana, Réunion sowie Saint-Pierre-et-Miquelon, sind heute Teile des nationalen Territoriums und sowohl in der Nationalversammlung wie im Senat mit Abgeordneten vertreten (9). Diese schon erwähnten „Alten Kolonien" bildeten seit dem 17. Jahrhundert den festen französischen Kolonialbesitz und auf Basis der Sklavenarbeit entstanden, mit Ausnahme der Fischereiinseln Saint-Pierre-et-Miquelon, überall französisierte Plantagengesellschaften, die auch nach der Abschaffung der Sklaverei kulturell wie administrativ der Metropole angeglichen wurden. Die Territoires d'Outre-Mer (TOM), Tahiti, Neukaledonien, Mayotte, Wallis und Futuna, die Marquesas-Inseln und andere kleinere Inselgruppen im Pazifik stellen territorial-koloniale Überreste dar, die aufgrund vorhandener Herrschaftsstrukturen und der verhältnismäßig kurzen Kolonialära noch nicht vollständig administrativ assimiliert wurden und daher auch keine direkte Vertretung in den beiden Kammern in Paris aufweisen.

Von den Apologeten der kulturellen Assimilation werden gerade die Überseedépartements (DOM) ständig als Beispiel einer gelungenen Kulturmission angepriesen, da es ihrer Meinung nach zur Herausbildung gemischtrassiger französischer Gesellschaften kam, die nach den politisch-administrativen Regeln des Mutterlandes organisiert seien und deren Bewohner sich als Franzosen fühlten. Sicherlich begünstigten die besonderen Ausgangsbedingungen – Sklavenarbeit, entwurzelte Bevölkerungsgruppen, kirchliches Schulwesen – die Entstehung dieser für den Betrachter oft eigenartigen Verlängerungen des Mutterlandes, doch wäre es falsch, hier eine Endgültigkeit zu sehen. Gerade nach dem Zweiten Weltkrieg und im Zuge der Dekolonisation gab es auch in diesen Bereichen die ersten Ansätze in Richtung einer Identitätssuche der Nachkommen der ehemaligen Sklaven und damit Pläne einer Lostrennung von Frankreich. Frantz Fanon, ein Bauernsohn aus Martinique, studierte in Frankreich Medizin und Philosophie und formulierte diese Bestrebungen in den fünfziger Jahren. Selbst Produkt der rigorosen kulturellen Assimilation wurde er als Arzt in Algerien Mitglied der Befreiungsbewegung und vollzog radikal den Bruch mit seiner französisch-europäischen Identität. Schon im Jahr 1952 veröffentlichte Fanon sein erstes Buch, „Schwarze Haut, Weiße Masken“, in dem er das psychische Dilemma der assimilierten Bewohner der französischen Kolonien analysierte. Er vertrat vehementer als später alle anderen jungen nationalstaatlichen Eliten der frankophonen Staaten seine Konzeption der kulturellen Rückbesinnung. In seinem als das „Kommunistische Manifest der antikolonialen Revolution“ bekannt gewordenen Werk „Die Verdammten dieser Erde“ kommt diese Abrechnung mit jeglicher europäischer Assimilationsstrategie klar zum Ausdruck:

„Also meine Kampfgefährten, zahlen wir Europa nicht Tribut, indem wir Staaten, Institutionen und Gesellschaften gründen, die von ihm inspiriert sind. Die Menschheit erwartet etwas anderes von uns als diese fratzenhafte und obszöne Nachahmung. Wenn wir Afrika und Lateinamerika in ein neues Europa verwandeln wollen, dann vertrauen wir die Geschicke unserer Länder lieber den Europäern an! Sie werden es besser machen als die Begabtesten unter uns (...) Für Europa, für uns selbst und für die Menschheit, Genossen, müssen wir eine neue Haut schaffen, ein neues Denken entwickeln, einen neuen Menschen auf die Beine stellen.“ (10)

Dieses persönliche Vermächtnis, verstärkt durch die in Afrika und Indochina vor sich gehenden Dekolonisationsprozesse, findet selbst heute noch in den DOM-TOM begeisterte Anhänger, die weder die politisch-wirtschaftliche, noch die kulturelle Herrschaft Frankreichs akzeptieren wollen. In diesem Zusammenhang müssen die jüngsten Aktivitäten von Befreiungs- und Unabhängigkeitsbewegungen auf Guadeloupe und Neukaledonien erwähnt werden, die mit aller Deutlichkeit die Problematik der DOM-TOM offenbarten.

Algerien und Indochina

Als zweite Kategorie wären jene Regionen und Länder des ehemaligen französischen Kolonialreiches zu betrachten, wo die Assimilationsbestrebungen vom ersten Tag der militärischen Beherrschung aufgrund starker vorhandener staatlicher und kultureller Organisationsmechanismen zum Scheitern verurteilt waren.

Algerien, ab 1830 blutig erobert und Siedlungskolonie, 1848 dem „Mutterland" administrativ und politisch einverleibt, ist von den beiden anderen frankophonen Ländern Nordafrikas – Marokko und Tunesien – schon insofern zu trennen, da diese erst spät, nämlich 1881 und 1912 unter die französische Herrschaft fielen und staatsrechtlich Protektorate blieben. Der massive algerische Widerstand, seit Abd-el-Kader unter der Fahne des „Dschihad" vereint, ließ der französischen „mission civilisatrice" nur bescheidene Erfolge zukommen. Im Unterschied zu Schwarzafrika war jedoch Algerien als Siedlungskolonie vorgesehen, weshalb die Algerienfranzosen nach 1848 voll assimiliert wurden, die Muselmanen hingegen weiterhin auf dem Status eines „sujets" verblieben (11). Der permanente Widerstand führte 1871 zur Schaffung eines eigenen arabischen Rechtskodex, dem „Indigénat", einem willkürlichen Strafrecht. Diese Trennung der Rechtssprechung widersprach eindeutig den anfangs auch hier postulierten Zielen einer umfassenden kulturell-administrativen Durchdringung und ist somit als erstes dauerhaftes Indiz des Scheiterns der Assimilationsversuche zu werten. Im Jahre 1936 gab es in Französisch-Algerien nur 7.817 assimilierte Bürger, die auf den Islam und ihre Stellung in der traditionellen Gesellschaftsordnung verzichtet hatten (12). Arabisch war inzwischen im Schulsystem zu einer Fremdsprache degeneriert, um schließlich ganz aus dem Bildungswesen ausgeklammert zu werden.

Die nicht erfolgte kulturelle Penetration bildete in der Folge sicherlich die wichtigste Basis für den siegreichen Befreiungskampf zwischen 1954 und 1962. Algerien ist ein Beispiel eines frankophonen Entwicklungslandes, wo nicht willfährige Eliten installiert werden konnten, sondern die politische Unabhängigkeit wenigstens zum Teil einen Bruch mit der ehemaligen Kolonialmacht auf kulturell-geistigem Gebiet bedeutete.

Ähnlich ist die Situation in Indochina. Auch hier traf der französische Imperialismus schon sehr früh auf einen organisierten, bewaffneten Widerstand einer regionalen Großmacht: dem Königreich von Annam. Die von Frankreich zwischen 1887 und 1897 errichtete „Union Indochinoise", die Annam, Tonking, Kotschinchina, Kambodscha und Laos umfaßte, war eine künstliche Verwaltungseinheit im doppelten Sinn: Das Königreich Kambodscha und die laotischen Fürstentümer hatten kulturell, historisch und ethnisch nichts mit dem annamitischen Reich gemein und lebten in jahrhundertelanger Fehde mit ihrem mächtigen Nachbarn. Künstlich war dieses Gebilde aber auch deshalb, weil Annam in drei Verwaltungsbezirke aufgeteilt wurde, um jeglichen noch vorhandenen Funken einer nationalen Identität zu vernichten (13). Die Franzosen versuchten anfangs geschickt eine Befreiungsideologie für die kleinen Völker dieses Raumes für sich nutzbar zu machen, indem sie vorgaben, nur die annamitische Bedrohung beseitigen zu wollen. Spätestens mit der Pazifizierung der größten Teile der Region und mit dem Beginn der systematischen kulturellen Unterwerfung entwickelte sich rasch ein antifranzösischer und antichristlicher indochinesischer Widerstand. Der „Aufstand der Gebildeten" erfaßte große Teile der Bevölkerung und stellt ein Beispiel eines zähen postprimären Widerstandes dar.

Das Mandarinat hatte sich der Kollaboration – vor allem in Kotschinchina – entzogen, weshalb die Franzosen vor der Oktroyierung eines starren französischen Schulsystems vorerst zurückschreckten. Obwohl annamitisch in lateinischer Schrift eingeführt und den zu assimilierenden Kadern gelehrt wurde, blieb das traditionelle Schulsystem noch bis 1919 bestehen, um dann allerdings endgültig beseitigt zu werden (14). Daneben gab es weiterhin ein franco-annamitisches Schulsystem, wo Vietnamesen in Annamitisch und Französisch unterrichtet wurden, um auf diese Weise die notwendigen subalternen Beamten der Verwaltung auszubilden. Die Schülerzahlen in den Elementarschulen stiegen zwar von 62.000

im Jahre 1924 auf 400.000 bis 1937 an, was jedoch bei einer Bevölkerung von über 23 Millionen nicht überragend war. Für die Weiterbildung der Eliten standen nur zwei Gymnasien in Saigon und Hanoi zur Verfügung. Die Absolventen französischer Universitäten wurden teilweise in den hohen Beamtenapparat übernommen, allerdings unter der Bedingung, daß ihre Väter schon „naturalisiert" waren, das heißt, das französische Bürgerrecht besaßen. Diese Barriere verwies den Großteil der französisierten Vietnamesen auf die unteren und untersten Funktionen der französischen Verwaltung, was die Abneigung gegen die fremde Herrschaft nur stärken mußte. Obwohl der militärische Widerstand zu Beginn des Ersten Weltkrieges nahezu völlig niedergeschlagen war, machten sich zunehmend Bestrebungen bemerkbar, die einerseits eine Erneuerung der konfuzianischen Monarchie zum Ziele hatten, auf der anderen Seite sich mit den neuen antikolonialen Geistesströmungen Europas verbanden. Auch die chinesische Revolution Sun-Yat-Sens, die russische Oktoberrevolution oder Wilsons Formel des Selbstbestimmungsrechtes der Völker, verfehlten nicht ihre Wirkung auf die nationale Emanzipationsbewegung.

Frankreich hatte – inzwischen abgerückt von der Konzeption einer totalen Assimilation – es nach dem Ersten Weltkrieg offenbar verabsäumt, den noch rudimentären vietnamesischen Nationalismus zu kanalisieren, zumal das französisch geprägte Bürgertum für eine Politik der indirekteren Herrschaft wahrscheinlich zu gewinnen gewesen wäre. Mit der Assoziation aber war zugleich das Primat der französischen Verwalter durchgesetzt worden, wodurch Teile der französisierten Intelligenz sich im Widerstand gegen ein System – welches ihnen keinen Platz zur Entfaltung bot – mit dem entstehenden Proletariat in einem Wiedergeburtstraditionalismus verbündete. Die späteren Kampferfolge der chinesischen Kommunisten, die wirtschaftlichen und politisch-militärischen Zusammenbrüche der Zentralgewalt in Paris sowie die japanische Okkupation beschleunigten den Emanzipationsprozeß, so daß die entstehenden nationalistischen Gruppierungen auch aus der Bauernschaft massenweise Zulauf erhielten. Die nationale Emanzipationsbewegung war zwar zersplittert, doch wurde hier deutlich, daß es Frankreich auch nach jahrzehntelanger Herrschaft nicht gelungen war, der französisierten Bildungsschicht ausreichende Mitbestimmungsmöglichkeiten anzubieten, um als Alternative zu den national-sozialrevolutionären Befreiungsideen bestehen zu können. So konnte der Viet-

Minh nach 1945 immer stärker zur Sammelbewegung fast aller antikolonialen und nationalen Kräfte avancieren und die Dekolonisation schließlich erzwingen. Die französische Herrschaft hinterließ ein kämpferisches Indochina, zerrissen in weltpolitische Verteilungskämpfe und regional-nationalistische Rivalitäten, doch geeint in der militanten Ablehnung jedweder politisch-kulturellen Unterwerfung.

Schwarzafrika

Stellen die Départements d'Outre-Mer Beispiele für umfassend französisierte außereuropäische Gesellschaften dar und wurden mit Algerien und Indochina mißglückte kulturelle Assimilationsversuche gezeigt, so sollen nun jene Gebiete besprochen werden, wo die kulturelle Assimilation tiefe Spuren hinterlassen hat, und wo daher die Beziehungen in Bildung und Technologie extrem von der ehemaligen Kolonialmacht Frankreich diktiert werden. Die Staaten des früheren Französisch-Westafrika (Afrique Occidentale Française, AOF) und Französisch-Äquatorialafrika (Afrique Equatorial Française, AEF) mußten aus mehreren Gründen diese besondere Entwicklung nehmen:

Zum ersten zerstörte der europäische Kolonialismus durch den Sklavenhandel in Schwarzafrika jahrhundertelang funktionierende einheimische Gesellschaften und beraubte diese Gemeinwesen ihrer produktivsten Kräfte. Die Schätzungen der verschleppten Sklaven bewegen sich zwischen 20 und 50 Millionen, wobei die bei der Sklavenjagd getöteten Menschen nicht mitgezählt sind (15).

Zum zweiten waren weite Gebiete Schwarzafrikas die letzten noch weißen Flächen auf den europäischen Landkarten der zweiten Hälfte des 19. Jahrhunderts und die Aufteilung sollte im Zeitalter des Hochimperialismus nach der Berliner Kongokonferenz von 1884/85 in nur wenigen Jahren vor sich gehen. Bei dieser „Balgerei um Afrika" mußten ganze Regionen möglichst „effizient" und rasch unterworfen werden, was die Brutalität eskalieren ließ.

Drittens waren West- und Zentralafrika – schon aufgrund der klimatischen Bedingungen – nicht als Siedlungskolonien vorgesehen, flächenmäßig aber weit größer als alle übrigen französischen Gebiete in Übersee, was hier stärker die Schulung von kooperationswilligen Einheimischen erforderte.

Entgegen der weit verbreiteten Annahme muß folglich festgestellt werden, daß die wirtschaftliche, politische und soziale Rückständigkeit Afrikas keineswegs in die eigene Geschichte des Kontinents zurückreicht. Die Völker Afrikas besaßen in präkolonialer Zeit funktionierende politische Systeme, die keinen Vergleich zu scheuen hatten. Die Legende vom geschichts- und kulturlosen Erdteil findet keine Begründung. Mit der Zerstörung vieler Errungenschaften der afrikanischen Entwicklung durch die kolonialen Eroberungen hat die europäische Präsenz aber auch zur Herausbildung neuer politischer Kulturen geführt. Es mag paradox erscheinen, daß gerade im frankophonen Raum, wo die kulturelle Durchdringung und Unterdrückung am heftigsten war, die Übernahme kultureller und politischer Wertsysteme auch bewußter und konsequenter zu Instrumenten des Kampfes gegen den Kolonisator umgesetzt werden konnte. Die durch das direkte Vertretungsrecht gesicherte Teilnahme am politischen Leben der Metropole eröffnete auch die Möglichkeit auf eine breitere Öffentlichkeit der kolonialen Fragen (16). Der Mechanismus der inneren Dekolonisation der schwarzafrikanischen Elite mit europäischer Bildung wurde durch die Berühungen mit dem europäischen Antikolonialismus gefördert.

Die „mission civilisatrice" wurde in Französisch-Schwarzafrika jahrzehntelang in erster Linie versucht über die Staatsschule mit ausschließlicher Konzentration auf die französische Sprache und die Vermittlung französischer Kulturwerte durchzusetzen. Auf diese Weise sollten aus den Afrikanern Franzosen schwarzer Hautfarbe werden, geprägt durch die französische Zivilisation und damit bereit, sich als Franzosen zu fühlen und zu handeln. Kein Zweifel besteht an den Erfolgen Frankreichs, einen Großteil der schwarzafrikanischen Eliten nicht nur kulturell geformt, sondern auch politisch für die nachkoloniale Ära an sich gebunden zu haben.

Das säkularisierte französische Schulwesen unterschied sich vom missionarischen im britischen Kolonialreich dadurch, daß im britischen die Erziehung immerhin teilweise auf afrikanische Traditionen bezogen war (17). Der oben erwähnte rigorose kulturelle Wandel brachte schon in der Zwischenkriegszeit im frankophonen Schwarzafrika zwei soziale Gruppen hervor, die dann auch ansatzweise zu den Trägergruppen eines politischen Emanzipationsprozesses wurden: erstens ein „Kolonialbürgertum" aus Bauern – die für den Export und die Städte produzierten – und den Zwischenhändlern und Kleinunternehmern. Zweitens jene christianisierte Bildungsschicht der „Evolués", die als kleine Angestellte der Verwaltung und als Lehrer geringe soziale Aufstiegschancen hatten. Da beide Gruppen mit der Kolonialmacht zu ihrem eigenen Vorteil kooperierten, dämpften sie anfangs den sporadisch aufflammenden Antikolonialismus. Nur wo sie durch metropolitane Interessen selbst an einer bescheidenen Gewinnbeteiligung behindert wurden, wie etwa die Pflanzerbourgeoisie der Elfenbeinküste, führten ihre Interessen zu antifranzösischen Aktionen. Das günstige ökologische Milieu hatte an der Elfenbeinküste die Entstehung eines afrikanischen Besitzbürgertums begünstigt — vor allem durch den Anbau und Handel von Kaffee und Kakao — während im übrigen Französisch-Schwarzafrika, also auch im Senegal und in Guinea, die assimilierten Eliten meist auf administrative und intellektuelle Tätigkeiten beschränkt blieben (18). Diese Bourgeoisie wurde, da ihr die wirtschaftlichen Diskriminierungen unerträglich geworden war, der Motor des politischen Kampfes. Der in den letzten Jahren vor dem Zweiten Weltkrieg angewachsene Groll gegen die französischen Kolonialbehörden wurde von einem Vertreter dieses Besitzbürgertums politisch instrumentalisiert: Félix Houphouet-Boigny, Mediziner und Multimillionär, noch heute Staatschef der Elfenbeinküste, gilt trotz seiner phasenweise emanzipatorischen Politik als klassisches Beispiel einer starken Identitätsbindung an Frankreich. Wie viele der späteren nationalen Führer der jungen schwarzafrikanischen Staaten absolvierte auch Houphouet die 1913 errichtete Eliteschule William Ponty und stieg 1956 als erster Afrikaner in den Rang eines französischen Ministers auf.

Obwohl Frankreich verbunden, gründete er 1944 den Kern der PDCI/RDA (Parti Démocratique de la Côte d'Ivoire/Rassemblement Démocratique Africain), die in wenigen Jahren zur ersten schwarzafrikanischen Massenpartei im frankophonen Raum werden sollte: 1946 entstand in Bamako das RDA als überterritoriale afrikanische Partei. Das RDA wurde von den unterschiedlichsten sozialen Gruppen unterstützt: vom entstehenden Stadtproletariat, das sich von einer neuen Ordnung generell Vorteile erhoffte, von Studenten, aber besonders von den französisierten neuen Wirtschaftsgruppen, wie den Händlern in Mali und Guinea und den Pflanzern der Elfenbeinküste (19). Unter der Führung der akkulturierten und der Gewalt der Kolonialerziehung unterworfenen besitzenden Schichten, war in der Elfenbeinküste die PDCI entschlossen, gegen die wirtschaftlichen Ungerechtigkeiten, die die schwarze Bourgeoisie zu ertragen hatte, anzukämpfen. Sie war jedoch keine nationalistische Kraft und akzeptierte die „zivilisatorische Mission Frankreichs“ und verwarf damit die afrikanische Kultur zugunsten der gesellschaftlichen Alternative an der Seite der Franzosen. Sie kämpfte gegen die Interessen der metropolitanen Händler und einiger Siedler und für die möglichst beste Entfaltung der schwarzen Bourgeoisie.

Die Ereignisse in Indochina und Algerien drängten 1956 zur Verabschiedung eines Rahmengesetzes (Loi Cadre), das neben der Einführung des allgemeinen Wahlrechts auch eine Kompetenzerweiterung für die Territorialparlamente vorsah. Bereits 1950 waren in Togo gewählte Kreisräte und Territorialversammlungen als Regierungsbeiräte entstanden, die nun zur Basis des Rahmengesetzes wurden. Dieses hatte in der Folge die Balkanisierung Schwarzafrikas gefördert, aber auch indirekt zur Herausbildung eines frühen Nationalbewußtseins der Eliten beigetragen. Das Gesetz hatte Houphouet-Boigny maßgeblich beeinflußt, nicht zuletzt, um unter der Schirmherrschaft des „Mutterlandes“ eine lokale Machtbasis zu errichten. Nach seinem Bruch mit dem RDA im Jahre 1957 verfolgte auch er die Konzeption der Schaffung einer „Communauté“, die mit der Verfassung der Fünften Republik die Herrschaftsbeziehungen zwischen der Metropole und Übersee-Frankreich auf eine neue Basis stellte. Die Mitglieder wurden nun als „Staaten mit innerer Autonomie“ definiert, die nach gewissen Regeln sogar die Unabhängigkeit erlangen konnten, allerdings unter Sanktionen, die das Guinea Sekou Tourés nach 1958 zu spüren bekam. Versuche einer Gründung eines westafrikanischen Bundesstaates wurden von Frankreich wie von Houphouet-Boigny abgeblockt, um die Kontinuität ihrer guten Beziehungen nicht zu gefährden. Trotz seines Rufes eines „Weisers Afrikas“ — ähnlich dem Mythos um Léopold Sédar Senghor — blieb Houphouet-Boigny in Theorie und Praxis seiner Politik den traditionellen afrikanischen Werten sehr stark entfremdet. Afrikanische Sprachen und Kulturen gelten heute noch als Synonym für Rückständigkeit, Stammesdenken und Isolationismus. Das Französische steht demgegenüber für sprachliche und kulturelle Einheit und die französische Zivilisation und der Staatsaufbau erscheinen als geradezu universell. So wird heute Houphouet-Boigny stärker als alle anderen schwarzafrikanischen Staatschefs des frankophonen Raumes von französischen Beamten, Technikern und Militärs beraten und der Außenhandelsanteil Frankreichs beträgt über vierzig Prozent.

Ohne Zweifel hat die enge Anlehnung einiger frankophoner Länder Schwarzafrikas an Frankreich diesen einen bescheidenen wirtschaftlichen Fortschritt gebracht, einen Fortschritt allerdings, der soziale Ungleichheiten meist verschärfte und die kulturelle Entfremdung vertiefte. Der Preis für Großstädte europäischen Stils war die Zerstörung der afrikanischen Identität und damit die Entmenschlichung der zwischenmenschlichen Beziehungen, wie dies am Zerfall der Großfamilie, der Landflucht und der Verwüstung der Umwelt besonders deutlich wird (20). Mit einem Bürgertum, dessen Kinder großteils keine afrikanische Sprache mehr beherrschen, ist man bereits an die äußerste kulturelle Grenze gelangt.

Die frankophonen schwarzafrikanischen Staaten hatten mit der Unabhängigkeit auch die staatliche Architektur der ehemaligen Kolonialmacht übernommen. Über Verfassungsaufbau, Verwaltungsgliederung, Amtssprache, Erziehungs- und Kommunikationswesen werden politisch-kulturelle Werte institutionell tradiert. Die Übernahme der Verfassungsstruktur der Fünften Republik und damit der starken Stellung des Präsidenten, führte nach 1960 zur Errichtung zahlreicher „Präsidialdiktaturen", da die in Artikel 16 der französischen Verfassung vorgesehenen Einschränkungen bewußt ausgeklammert wurden. Dem französischen Vorbild entsprach die Kompetenzverarmung der Parlamente und der Regionalversammlungen sowie der strikte Zentralismus der Verwaltung, während in den ehemaligen britischen Kolonien föderalistische Modelle nachweisbar sind. Dort kam es häufig zur Wiedererweckung monarchistischer Tendenzen, begleitet von höfischem Zeremoniell, dem Gebrauch traditioneller Herrschaftsinsignien und der mystischen Verquickung von Amt und Herrschaft. Im frankophonen Afrika dagegen war nach jahrzehntelanger kulturpolitischer Assimilation kein Platz mehr für die Übernahme von Führungspositionen durch traditionelle Eliten und so blieben sie bestenfalls das, was sie schon während der Kolonialära waren: ein Bindeglied und Hilfsmittel der zentralistischen Verwaltung.

Innerhalb der neuen Eliten kommt dem Militär eine besondere Bedeutung zu. Wie die britische Moralvorstellung von der politischen Enthaltsamkeit der Offiziere, war auch die französische soldatische Tugendlehre hinsichtlich der Übernahme politischer Funktionen eher von Ablehnung gekennzeichnet. Trotzdem kam es in zahlreichen Ländern des frankophonen Afrika nach der Unabhängigkeit zu Interventionen der Militärs in die nationale Politik, was nicht in jedem Fall mit einer instabilen politischen Situation zu erklären ist.

In vielen Staaten ist die Armee jener gesellschaftliche Faktor, der, bedingt durch das Monopol der gewaltsamen Durchsetzung seiner Programme auch gesellschaftliche Alternativen erzwingen kann, was etwa die Regimes der VR-Kongo und der VR-Benin nicht nur im Hinblick auf ihre neue außenpolitische Orientierung beweisen. Aber auch innerhalb dieser „Berufsgruppe" gibt es genügend Beispiele einer geradezu übersteigerten Imitation der ehemaligen Kolonialmacht, die geeignet sind, in Europa rassistische Kampagnen zu entfachen, um damit die europäische Verantwortung für diese Formen kultureller Deformation zu überdecken. Die Nützlichkeit eines „Kaisers" Bokassas für die Interessen Frankreichs wurde erst durch Diamantenaffairen, Kindermorde und vor allem durch geplante Kontakte zu Libyen gestört. Tatsächlich wurde in der Person Jean-Bedel Bokassas wieder einmal mehr die Konsequenz einer totalen Assimilationspolitik offenbar: als Hauptmann der französischen Armee im Dienst der „mère patrie" jahrelang den Werten und der Geschichte Frankreichs eng verbunden, war seine Machtergreifung 1966 und seine Krönung zum Kaiser 1976 eine romantische Kopie des Werdegangs Napoleons.

Sicherlich ist es als Folge der gründlichen kulturellen Assimilation Frankreich bis heute gelungen, seine wirtschaftlichen und politischen Interessen in Schwarzafrika fast ausschließlich auf gewaltfreiem Wege durchzusetzen. Der im Senegal bis 1981 als Präsident amtierende Léopold Sédar Senghor, der sich noch immer in Amt und Würde befindliche Houphouet-Boigny oder der von 1960 bis 1982 als Staatsoberhaupt von Kamerun wirkende Ahmadou Ahidjo, garantierten staatliche Stabilität und günstige wirtschaftliche Bedingungen. Im frankophonen Schwarzafrika erreichen heute die Direktinvestitionen französischer Konzerne bald ein Drittel der Aktiva der westlichen Industriestaaten. In einigen Ländern gibt es Spitzenwerte, wie etwa 95 Prozent in Niger, 92 Prozent in der Zentralafrikanischen Republik und 87 Prozent in der Elfenbeinküste (21). Dazu kommt eine eindeutige Konzentration der französischen Entwicklungshilfe auf den schwarzafrikanischen Raum, wo Frankreich doppelt soviele Entwicklungshelfer wie in allen anderen Ländern insgesamt unterhält. Als „Gendarm des Westens" in Afrika mußte es zuletzt nur in Zaire und in der Zentralafrikanischen Republik direkt intervenieren, garantieren doch die bestehenden, umfassenden Verteidigungsabkommen mit fast allen Nachfolgestaaten in dieser

Region eine jederzeitige Kontroll- und Steuerungsmöglichkeit der politischen Prozesse.

Perspektiven

Im Rahmen dieser Bedingungen erscheinen politisch-emanzipatorische Wege auch in nächster Zukunft nur bedingt durchsetzbar. Die Weiterführung des französischen Bildungs- und Verwaltungssystems bedeutet heute vor dem Hintergrund der katastrophalen wirtschaftlichen Ungleichheiten im Weltmaßstab weit mehr als eine simple Kontinuität der Metropole-Peripheriebeziehung. Für die Betroffenen steigert sich die kulturelle Entwurzelung mit der forcierten Übernahme der europäischen Konsumvorstellungen in einem schier unkorregierbaren Ausmaß, welches die chaotische Entwicklung Europas und Nordamerikas – vor allem im ökologischen Bereich – nachvollzieht. In diesem Sinne mögen die kritischen Worte Frantz Fanons Warnung und Auftrag zugleich sein, als er 1961 meinte, daß Europa „heute zwischen der atomaren und der geistigen Auflösung hin und her schwankt" und sich „auf Abgründe hin bewegt, von denen man sich lieber so schnell wie möglich entfernen sollte." (22)

Anmerkungen

(1) Diese Ansicht vertritt auch Yves Person vor allem in Hinblick auf die Entwicklung der Elfenbeinküste. Vgl. Yves Person, Elfenbeinküste: Kolonisierung und Entkolonisierung, Radikaler Kapitalismus, schwarze Bourgeoisie, in: Jan-Heeren Grevemeyer (Hg), Traditionale Gesellschaften und europäischer Kolonialismus, Frankfurt 1981, p. 49

(2) Vgl. Rudolf H. Strahm, Überentwicklung – Unterentwicklung, Nürnberg 1975, p. 36 f

(3) Vgl. David K. Fieldhouse, Die Kolonialreiche seit dem 18. Jahrhundert, Frankfurt 1965, p. 266

(4) Gabriel Hanotaux, 1853–1944, französischer Außenminister 1894/95 und 1896 bis 1898, vertrat vehement eine koloniale Expansionspolitik und eine Annäherung an Rußland. Verfaßte eine fünfzehnbändige „Histoire de la nation française", Paris 1921–29

(5) Zit. in: Jean-Paul Lehners (Hg), Kolonialismus, Imperialismus, Dritte Welt 2. Materialien, Salzburg 1978, p. 39 f

(6) Vgl. Franz Nuscheler/Klaus Ziemer, Politische Herrschaft in Schwarzafrika. Geschichte und Gegenwart, München 1980, p. 33 f

(7) Jules J. Harmand, Domination et Colonisation, Paris 1910, p. 103 f

(8) Vgl. Nuscheler/Ziemer, a.a.O., p. 33

(9) Guyana und Saint-Pierre-et-Miquelon haben in der Nationalversammlung und im Senat je einen Vertreter, die anderen drei Departements sind mit je drei Abgeordneten in der Nationalversammlung und je zwei Senatoren vertreten

(10) Frantz Fanon, Die Verdammten dieser Erde, Frankfurt 1966, p. 242

(11) Die Institutionalisierung Französisch-Algeriens stieß auch nach der Zerschlagung des organisierten militärischen Widerstandes auf vehemente Ablehnung seitens der muselmanischen Bevölkerung, vgl. Dieter Braunstein, Prinzipien und Institutionen der französischen Kolonialverwaltung 1830–1852, Phil. Diss., Klagenfurt 1982, p. 368 ff

(12) Vgl. Fieldhouse, a.a.O., p. 269

(13) Vgl. Rudolf von Albertini, Europäische Kolonialherrschaft 1880 bis 1940, Zürich 1976, p. 159

(14) Ebenda, p. 177

(15) So schätzen etwa Marianne und Robert Cornevin allein die aus Angola zwischen 1580 und 1880 verschleppten Sklaven auf fünf Millionen! Vgl. Robert/Marianne Cornevin, Geschichte Afrikas von den Anfängen bis zur Gegenwart, Frankfurt 1980, p. 228.
Thea Büttner spricht von mindestens zwanzig Millionen verschifften schwarzafrikanischen Sklaven, während andere Schätzungen sogar 100 Millionen erreichen! Vgl. Thea Büttner, Afrika von den Anfängen bis zur territorialen Aufteilung Afrikas durch die imperialistischen Kolonialmächte (Bd. 1, Afrika. Geschichte von den Anfängen bis zur Gegenwart), Köln 1979, p. 170

(16) Vgl. dazu Peter Jankowitsch, Probleme der afrikanischen Einheit, in: International 3/1979, Zeitschrift für Internationale Politik, Wien, p. 3

(17) Vgl. Nuscheler/Ziemer, a.a.O., p. 58

(18) Vgl. Person, a.a.O., p. 56

(19) Ebenda, p. 69

(20) Vgl. Cornevin, a.a.O., p. 435

(21) Vgl. Rainer Falk, Mitterands Wahlsieg – Chance für ein neues Verhältnis zur Dritten Welt, in: Antiimperialistisches Informationsbulletin 10/1981, Dortmund, p. 35

(22) Fanon, a.a.O., p. 239 f

Charlotte M. Teuber / Guy Nzeribe

Britische Kulturpolitik in Afrika

Der Kolonialismus war nicht einfach eine Phase der politischen Erfahrung Afrikas; er war, viel tiefgründiger, eine kulturelle Erfahrung. Die Wertsysteme der afriknischen Welt wurden durch diese, relativ kurze Episode in der Geschichte Afrikas radikal verunsichert (1).

Dieser Beitrag zu dem Thema „Kulturelle Dependenz und Internationale Beziehungen im Bereich Bildung und Technologie" beschränkt sich auf die Bildungspolitik Großbritanniens in Afrika und die sich daraus ergebenden Probleme von Bildungs- und Erziehungspolitik in den afrikanischen Nachfolgestaaten des British Empire. Ein Vierteljahrhundert nach der Unabhängigkeitsgewährung an Ghana, die einen zehnjährigen Prozeß einleitete, der mit dem Ende formaler Britischer Herrschaft in Afrika schloß, kann man die Ergebnisse von kultureller Machtpolitik besser übersehen und beurteilen. Inzwischen ist auch die offizielle Kolonialherrschaft der anderen europäischen Mächte — Frankreich, Belgien, Portugal und Spanien — zu Ende gegangen und aus den ehemaligen Kolonien sind „Entwicklungsländer" geworden. Die ehemaligen Kolonialherren stehen jenen europäischen Staaten, die keine Kolonien hatten, als Seniorpartner im Entwicklungsgeschäft zur Seite und helfen bei der Schöpfung eines diffusen „Entwicklungsbildes".

Diese gegenwärtige Situation ist ebenso voll Versprechen als voller Gefahren, da in mancher Beziehung sowohl alte Ressentiments als auch neue Vorurteile die Beziehungen Europas zu den neuen Staaten Afrikas überschatten. Trotz vieler erfreulicher Ansätze eines Wandels scheinen europäische Denkstrukturen bezüglich der bis vor kurzem von europäischen Mächten beherrschten Völker von imperialem Gedankengut des 19. Jahrhunderts überlagert. Um die Beharrlichkeit dieser Denkstrukturen zu verstehen, muß man auf ihre Ursprünge zurückgehen.

Parallel mit der rapiden Erwerbung von afrikanischen Territorien ging eine Bildformung über Afrika einher, die sowohl die Landschaft als auch die Menschen des „Dunklen Kontinents" in gruseligen Farben malte. Von Traktätchen und Postillen der Missionsgesellschaften, in Populär- und Hochliteratur wurde dieses Bild geschaffen, untermalt und bekräftigt. Kolonisierung wurde von religiösen wie von agnostischen Eiferern gleichermaßen als moralische Pflicht und heroischer Auftrag verkündet und die Kontore der Handels- und Industrieverbände ernteten die Zinsen dieser Gratisreklame für ihr Interesse, das der Kolonialpolitik zu Grunde lag. Von Kiplings „White Man's Burden" zu Joseph Conrads „Heart of Darkness", mit seiner Schilderung des „verfluchten Erbes, das es mit tief empfundener Qual und exzessiver Pein zu erringen galt" (2), wurden sowohl die Minderwertigkeit des afrikanischen Menschen, als auch die Selbstaufopferung der hochstehenden anglosächsischen Rasse im Gemüt des viktorianischen Menschen verankert.

Die bizarre Romantik des englischen imperialistischen Denkens hatte schon Jahre früher ihre wissenschaftliche und theologische Fundierung erhalten. Wenn zum Beispiel der distinguierte Vorsitzende der Königlichen Ethnographischen Gesellschaft, Dean Farrar, im Jahre 1866 feierlich verkündete, daß die Menschheit in nur drei große Kategorien einzuteilen sei – die Wilden Rassen, die Semi-zivilisierten, und die zwei Zivilisierten Rassen (Römisch und Germanisch, das heißt, die Französische und die Anglosächsische Rasse), wurde dies als „wissenschaftlicher Beweis" gebührend gefeiert und – dreißig Jahre später – von dem hochangesehenen Philosophen F. B. Jevons in sein Standardwerk zur Einführung in die Religionsgeschichte aufgenommen.

Erst vor wenigen Jahren wurden von einem der angesehensten Anthropologen Englands diese Thesen von Farrar und Jevons endgültig zur Ruhe gelegt, indem sie als „eine Sammlung von absurden Rekonstrukten, unhaltbaren Hypothesen, wilden Spekulationen, Behauptungen, unpassenden Analogien, Mißverständnissen und Mißinterpretationen und – besonders bezüglich ihrer Totemtheorie – als reiner Unsinn" entlarvt wurden. Es ist aber doch zu befürchten, daß diese viktorianischen Ideen über die Völker Afrikas, trotz moderner wissenschaftlicher Gegenbeweise weiterhin im europäischen Kulturdenken verhaftet geblieben sind. Besonders die vielleicht gefährlichste Unwahrheit, nämlich die Behauptung, daß die Völker Afrikas „keine Geschichte, keine chronologisch faßbare gesellschaftlich-politische, ebenso wie wirtschaftlich-technologische Entwicklung aufweisen könnten", spukt noch in manchen mit Entwicklungstheorien beschäftigten Gemütern umher. Und dieser alte Irrglaube wurde in völlig unbeabsichtigter Weise durch die ersten Zerstörer dieses kolonialeuropäischen Zerrbildes afrikanischer Gesellschaften, die Schüler Dürkheims und Malinowskis waren, weitergeführt. In ihrer anti-historischen Einstellung sahen sie in afrikanischen Gesellschaften „zeitlose Einheiten, ohne Vergangenheit oder Zukunft". So wurde auch von dieser Seite der Eindruck einer „vollständigen Andersheit" der afrikanischen Gesellschaften bekräftigt: „so dargestellt ohne Geschichte, in einem steten Erfahrungs-Vakuum lebend, wurden diese eigenartigen Völker als die Überreste eines verschwundenen Paradieses betrachtet — Überreste einer entfernten Vergangenheit. Logischerweise wurden sie alsbald *unentwickelte Völker* genannt, denn Entwicklung setzt Geschichte voraus und sie hatten bekanntlich keine" (3).

Hier hatte das „zweifache Mandat" des britischen Kolonialismus seine Rechtfertigung gefunden, das von Lord Lugard so ausgedrückt wurde:

„Wie der römische Imperialismus die Fundamente der modernen Zivilisation schuf und den Barbaren dieser Inseln (Großbritannien) den Pfad des Fortschritts wies, so zahlen w i r heute in Afrika unsere Schuld zurück und tragen zu den dunklen, verborgenen Stellen der Welt — Stätten der Barbarei und Grausamkeit — die Fackel der Kultur und des Fortschritts, während wir die materiellen Bedürfnisse unserer Zivilisation befriedigen ... Wir beherrschen diese Länder, weil es uns d e r G e n i u s u n s e r e r R a s s e befiehlt, zu kolonisieren, zu handeln und zu regieren" (4).

Das grauenhafte Fanal des Genius der Rasse während des Zweiten Weltkriegs gab Anstoß zu einem gewissen Umdenken teuergewordener Leitbilder über Afrika, und damit begann endlich eine ernstzunehmende historische Erfassung afrikanischer Gesellschaften. Anthropologen, Politwissenschafter und Historiker begannen zusammenzuarbeiten, und das Resultat dieser, zumindest in ihrem Bestreben, vorurteilsfreieren Forschung nach historischen Entwicklungen, Zusammenhängen und Konflikten ergab ein überraschendes Bild:

Afrikaner haben sich gesellschaftlich in beweisbar ähnlichen Zügen entwickelt wie Gesellschaften anderswo. Individuell und kollektiv haben sie ihre Leben auf die Basis gestellt, wie Menschen anderswo — sei es in Fragen von Logik oder Moral. Die *Formen* waren ebenso verschieden wie eben Afrika verschieden ist von Europa, Asien oder Amerika, doch nicht der *Inhalt,* die Grundprinzipien.

Die neuere Forschung über die Geschichte afrikanischer Völker brachte auch Erkenntnisse über Natur und Praktiken der Kolonialherrschaft, und Einsichten in die koloniale Mentalität mit ihrer tiefen Ambivalenz. Die Mischung von Missionssentimentalität, Abenteurertum, Rassismus, Gier und Machtzauber, wurde intellektuell seziert und politisch analysiert. Und zu den Wissenschaftern aus Europa und den USA traten in zunehmendem Maße afrikanische Gelehrte, die mit einer frischen kritischen Art die festgefahrenen Vorurteile zu korrigieren begannen (5).

Diese kurze Exkursion in die europäische Vorgeschichte des heutigen Afrikabildes erscheint uns zum Verständnis der englischen, kolonialen Kulturpolitik unumgänglich notwendig. Ebenso wie ein Erfassen des Grauens von Hitlers „Endlösung" nicht möglich ist, ohne Einsicht in die Formen des europäischen Rassismus im 19. Jahrhundert, kann man die Schande und die Kulturvernichtungspolitik des Kolonialismus nicht ohne seine geistigen und gesellschaftlichen Grundlagen betrachten.

England hatte nach ersten zögernden Schritten im 18. Jahrhundert und nach Abschaffung des mit den ersten Stützpunkten direkt verbundenen Sklavenhandels, im Laufe von sechzig Jahren afrikanische Territorien von unterschiedlicher, aber meist beträchtlicher Größe unter seine Flagge gebracht. Beruhend auf seiner Seemacht, penetrierte England erst West-, dann Süd- und Ostafrika. Nach der Eröffnung des Suezkanals in Ägypten fußfassend, wollte Großbritannien eine Landbrücke von Süd- bis Nordafrika schaffen. Dank des kolonialen Appetits anderer europäischer Mächte wurde dieses imperiale Konzept Cecil Rhodes' nicht verwirklicht. Es mußte für diese nicht zusammenhängenden Territorien nun ein Verwaltungsapparat geschaffen werden, in dem die Zahl englischer Kolonialbeamter notgedrungen niedrig gehalten werden mußte. Auf verwaltungspolitischer Ebene wurde für Englands afrikanische Besitzungen das Konzept der „indirekten Herrschaft" angewandt. Obwohl nicht in jeder Beziehung indirekt – es ist überraschend zu sehen, wie bis zum kleinsten Verwaltungsbezirk direkte Machtausübung Briten vorbehalten war – so war doch die Gegebenheit für eine gezielte Kulturpolitik ebensowenig vorhanden, wie sie ursprünglich kaum vorgesehen war. Die entscheidende Funktion einer Erziehungspolitik wurde durch die Missionskirchen ausgeübt, die überdies den Vorteil hatten, in allen Regionen Afrikas tätig zu sein und damit einen weiteren Verbund der zerstreuten Territorien zu schaffen.

Das Hauptanliegen der Missionare aller Konfessionen war es, die größtmögliche Anzahl von Afrikanern zum Christentum zu bekehren, vom Irrglauben traditioneller Religionen und Gebräuche abzubringen und – die Herrschaft europäisch-christlicher Mächte zu festigen. Ebenso wie in den animistischen Gesellschaften waren in den islamischen Gebieten politische Herrschaft, religiöse Gerichtsbarkeit und gesellschaftliche Riten eng verflochten. Während in den islamischen Gebieten zivile und militärische Kolonialverwaltungen den Missionen gewisse Zurückhaltung bezüglich Schulgründung auferlegten, erhielten sie in animistischen Gebieten freie Hand. Dies bezog sich auch auf animistische Enklaven in sonst muslimischen Regionen, wie zum Beispiel im nördlichen Nigerien, wo Missionsschulen ungestört ihre Bildungspolitik betreiben konnten. Selbst in den Missionaren verschlossenen Gebieten wurde unter Druck der Kolonialverwaltung das traditionelle Koranschulsystem zurückgedrängt – in manchen Gegenden war zu Beginn der intensiven Kolonialperiode eine hundertfache Zahl von Koranschulen gegenüber deren Anzahl zur Zeit Lord Lugards festgestellt worden (6). Und die noch vorhandenen Koranschulen beschränkten sich auf die religiöse Auslegung des Korans. Das ursprünglich stark mit der Rechtsauslegung der Schaaria verbundene Gedankengut wurde weder durch Einbezug der von der Kolonialmacht neu geschaffenen Gesetzeslage erweiter, noch wurde die alte Rechtstradition erläutert. Dadurch war der hauptsächliche kulturelle Zusammenhang zwischen Herrschern und Beherrschten in den islamischen Gesellschaften Afrikas weiter verunsichert, wenn auch in geringerem Maße als in den animistischen Gebieten.

In letzteren war der Einbruch des von der Kolonialherrschaft geschützten Christentums mit tiefen, kulturellen Strukturzusammenbrüchen verbunden. Die Missionare, voll eifriger Gläubigkeit aber meist nicht sehr gebildet in Dingen politischer Kultur, riefen eine kulturelle Identitäts- und eine politische Legitimitätskrise hervor, die von der Kolonialverwaltung nur begrüßt werden konnte (7). Die verschiedenen Verwaltungsgebiete hatten natürlich etwas verschiedene Missionspolitiken, und die einzelnen Missionskirchen voneinander leicht abweichende Erziehungsziele für die ihnen zur Erziehung ausgelieferten Afrikaner. Die schärfsten Unterschiede waren jedoch zwischen jenen Teilen Afrikas, in denen schon früh europäische Siedler anwesend waren, besonders Süd- und Ostafrika, und jenen, wo die verwaltungs- und gesellschaftspolitischen Experimente der Gouverneure nicht mit „weißen“ Lokalmachtansprüchen zu rechnen hatten. Man kann sagen, daß die Missionserziehungspolitik durchgehend folgende Grundzüge aufwies:

- Das Schwergewicht lag auf einer Volksschulbildung, die dozile Angestellte für die untersten Stufen der kolonialen Verwaltung, sowie des Missions- und Handelswesens schaffen sollte,
- in den Volks- und noch mehr in den spärlichen Mittelschulen war das Prinzip der Entafrikanisierung Grundlage des Unterrichts; das geeignetste Mittel hierzu schien das Internatssystem,
- das als beinahe unerreichbar hohes Ziel aller Erziehung dargestellte Reich Christi war unmittelbar mit einigen Zügen des British way of life minus seines Säkularcharakters verbunden (8).

Erst in den ersten Dezennien des 20. Jahrhunderts sahen einige vorausblickende Kolonialadministratoren, daß England neben Verwaltungs- und Militärpolitik auch Kulturpolitik gezielt in Angriff nehmen müßte. Schon vor dem Ersten Weltkrieg begannen in verschiedenen englischen Hoheitsgebieten erziehungspolitische Experimente, die binnen weniger Jahre zu einem integrierten britischen Kolonialkonzept zusammengefaßt wurden. Ein Meilenstein war das von Sir Frederick Lugard, einem langjährigen Gourverneur von Nigerien verfaßte Werk „Dual Mandate in British Tropical Africa“, das 1922 erschien und Lugards Erfahrungen in einer aufsehenerregenden Theorie verankerte. Nach dieser sollte die Erziehung der afrikanischen Jugend durch die Kolonialverwaltung stärker gefördert und kontrolliert, aber auch mit neuen Prinzipien verbunden werden. Diese „neuen“ Prinzipien waren mehr als eine säkulare Erweiterung der missionarischen Erziehungsprinzipien zu verstehen, denn als neu in der Grundhaltung. Die Ziele waren sozial höhergesteckt und mit dem Gewicht der Kolonialverwaltung untermauert (9).

Nun galt es, das „zweifache Mandat“ dahingehend zu interpretieren, daß die britisch erzogenen Afrikaner in den höheren Verwaltungsdienst und in gehobene Berufe vorrücken können, jedoch gerade dadurch politisch ganz nach den Wünschen der Kolonialmacht ausgerichtet bleiben. Als Grundstein einer neuen Orientierung sei ein bewußt auf Elitebildung zielendes System höherer Lehranstalten von der Kolonialregierung zu gründen, so daß dem „Old Boys' Network“ der britischen, ein ähnliches der eingeborenen Elite zur Seite stehen und mit diesem in einem „fruchtbaren“ Zusammenklang die zukünftige Assoziation mit der Metropolitanmacht gestalten könne. Die Sprache dieser Eliteschulen bliebe selbstverständlich Englisch, das heißt, die eigenen Sprachen der afrikanischen Schüler und Studenten blieben weiterhin nicht nur aus dem Unterricht, sondern sogar von Freizeit und Sport verbannt. Das erstrebenswerteste Ziel dieser zukünftigen, auf individuellem Talent und gesellschaftlicher Stellung beruhenden Elite sollte das Studium an den großen Bildungsstätten der Metropolitanmacht sein.

Eine der wichtigsten Folgen dieser neuen Erziehungspolitik war die Integration der traditionellen Elite und des durch den früheren Einklang zwischen Missionserziehung und Kolonialpolitik geschaffenen Kleinbürgertums. Nun sollten Söhne und Enkel, und in bescheidenerem Maße auch Töchter, der Absolventen der Missionsschulen für höhere Positionen in der Kolonialgesellschaft erzogen werden. Durch den säkularen Charakter der neuen Eliteschulen war die Legitimität der traditionellen Führungsschicht nicht sosehr wie zuvor durch die Missionserziehung in Frage gestellt, insbesondere in den animistischen Gruppierungen. In den moslemischen Gebieten rief das neue System einige Spannungen hervor.

Schülerlisten beweisen, wie schnell die traditionellen Führungskräfte diese Chance ergriffen, sowohl in Achimota (Goldküste/Ghana), als auch in Ibado (Nigerien) und Makerere (Uganda), waren die Abkömmlinge der alten Nobilität bald in der Überzahl. Polytechnische Schulen hielten die Aufstiegsmöglichkeiten für die traditionell weniger Privilegierten offen.

Es kann als eines der bedeutendsten Paradoxe politischer Kolonialgeschichte angesehen werden, daß gerade aus jenen Kreisen, die durch die Lugard'sche Bildungspolitik als die wichtigsten Bausteine künftiger harmonisch-enger Beziehungen zwischen Metropole und Kolonien angesehen wurden, die Denk- und Handlungsanstöße für tatsächliche Unabhängigkeit kamen. Durch den stark humanistisch-positivistischen Geschichtsgedanken, der dem Lehrplan der anglo-afrikanischen Eliteschulen zu Grunde lag, wurde in vielen der jungen Intellektuellen der Wunsch nach einer analytischen Betrachtung der Widersprüche in der durch ihre Studien vermittelten Geschichtsauffassung wach. In der Berührung mit den politischen wie den Bildungsmetropolen Großbritanniens hatten sie Gelegenheit, neue intellektuelle und politische Strömungen, die oft konträr zur alten imperialen Überheblichkeitsromantik standen, kennenzulernen.

Der Zweite Weltkrieg brachte wirtschaftliche und politische Probleme der Kolonialmacht direkt nach Afrika, und damit auch neue

Denkanstöße. Mehr noch als während des Ersten Weltkrieges wurde klar, daß auch weiße Götter ihre Dämmerung erfahren können. Zivile und militärische afrikanische Institutionen standen ganz im Einsatz der alliierten Kriegsanstrengungen, doch war gerade dieser Einsatz eine harte Bewährungsprobe der auf der Lugard'schen „Assoziation" beruhenden afrikanischen Loyalitäten.

In der Zeit nach 1945 wurde in Britisch West Afrika die Kulturpolitik stärker auf „Afrikanisierung" umgestellt, ohne daß man dabei ein wirkliches Umdenken von seiten der mit dieser neueren Bildungspolitik betrauten Administratoren feststellen könnte. Im Süden und Osten wurden die alten Gegensätze und krassen Unterschiede zwischen weiß-besiedelten und indigen bestimmten Gebieten immer schärfer. Ein neues ideologisches Element begann der Problematik des Kolonialismus zu entwachsen. Während es noch in den frühen fünfziger Jahren gelang, die Mau-Mau-Bewegung in Kenya als „einen gefährlichen Rückfall in die vorkoloniale Barbarei" der Weltpresse zu verkaufen, mußten die kolonialen Befreiungsbewegungen schon auf das Konto der innereuropäischen Widersacher britischer Politik, das heißt, der Sowjetunion und ihrer „Agenten" gebucht werden — die neuen Unabhängigkeitskämpfer sprachen die Sprache der von der Kolonialmacht gegründeten Bildungsstätten.

Im anglophonen Raum waren es die Vereinigten Staaten, die begannen, in die Kulturpolitik ihrer englischen Verbündeten einzugreifen. Somit war das alte Modell anglo-imperialistischer Kulturpolitik stark angeschlagen, als die nun in fortlaufender Geschwindigkeit entstehenden afrikanischen Staaten sich einer autochthonen Bildungs- und Kulturpolitik annehmen mußten. Das alte Modell lebte aber noch in den übergreifenden Institutionen weiter. Es ist eine immer wieder angebrachte Platitüde, daß England den beherrschten Völkern als größtes und nachwirkendes Geschenk ein wohlfunktionierendes Beamtentum bescherte. In den Kolonien selbst galt dieses Geschenk als wichtiger Modernisierungsfaktor und als durchaus gesellschaftsaufbauend, besonders in den dem neuen Beamtentum nahestehenden Kreisen. Erst nach dem ersten Jahrzehnt kam in den neuen Staaten die Frage auf, ob es sich nicht hier um ein Danaergeschenk gehandelt hätte — eine mit den traditionellen wie den modernen Eliten eng verbundene Machtgruppe, die ihre Loyalität nicht ihren Mitbürgern, sondern außenseitigen Machtzentren schuldete. Ein Dilemma, das noch meist überall im anglophonen Afrika seiner Lösung harrt, und das zugleich als beständigstes

Monument britischer Kulturpolitik angesehen werden muß.

Es lag in der Natur der Entkolonialisierung, daß die ehemalige Kolonialmacht auf wirtschaftlichem und kulturpolitischem Gebiet vorherrschend zu bleiben gedachte. Und tatsächlich haben sich eine größere Anzahl von britischen, erziehungspolitischen Institutionen, wie zum Beispiel das Cambridge Prüfungssystem, erhalten, aber die alte Ausschließlichkeit ist dahin. Sowohl in West- als auch in Ostafrika begann sich eine starke US-amerikanische Komponente in der Erziehungspolitik der neuen Staaten bermerkbar zu werden. Wohl diente die neue Erziehungspolitik meist den Kindern der wirtschaftlichen und politischen Eliten, war also in diesem Sinn eine Fortführung kolonialer Traditionen, aber das spezifisch britische Element, mit seiner Betonung klassischer Bildung, wurde durch das gegenwartsgebundene „Anwendungsprinzip" amerikanischer Lehrerbildungsanstalten und African Studies Departments amerikanischer Universitäten durchdrungen (10). Mit wenigen Ausnahmen war die Erziehungspolitik der Nachfolgestaaten des Britischen Kolonialreichs in der ersten Dekade nach der Unabhängigkeit ein kulturpolitisches Pasticcio – die als Entwicklunshilfe dargebotenen Erziehungsmenüs mußten angenommen und irgendwie verdaut werden. Und in den wenigsten Fällen war die Erziehungspolitik einer neuen kulturellen Integration von urbaner und ländlicher Notwendigkeit zuträglich. Eine der wenigen Ausnahmen, Tanzanien, hat diese Integration bewußt als Hauptziel der Erziehungspolitik verfolgt. In den Worten Präsident Nyereres:

„In diesem Zusammenhang muß ich hinzufügen, daß wir einen Fehler der Vergangenheit korrigieren und eine gegenwärtige Gefahr vermeiden müssen. Wir haben immer verstanden, daß die Harvard-Universität die amerikanische Gesellschaft verstehen muß, um Amerika dienen zu können. Wir haben stets begriffen, daß die Universitäten von London und Moskau sowohl ihre jeweiligen Gesellschaften verstehen und von ihnen verstanden werden müssen, um den Menschen ihrer Nationen dienen zu können. Aber erst vor kurzer Zeit haben wir verstehen gelernt, daß es eine gleiche Notwendigkeit auch in Afrika gibt. Unsere Universitäten zielten (zu lange) darauf ab, die westliche Gesellschaft zu verstehen und von ihr verstanden zu werden, während wir alle diese Zeit glaubten, dadurch unsere Studenten zum Dienst an der afrikanischen Gesellschaft zu erziehen. Dieser Fehler wurde erkannt und seit einiger Zeit sind wir auf einem Korrekturkurs. Aber dagegen gibt es jetzt eine, wenn auch verständliche (europäische) Reaktion, die recht unsinnig ist ... Wiederum täuschen sich Außenseiter in dem Glauben, daß sie am besten wüßten, wie man afrikanischen Interessen dient – das wäre nur die alte Farce mit neuen Akteuren!" (11)

Die neue Entfremdung wurde auch durch das Studium afrikanischer Studenten in allen Ländern Europas, zu beiden Seiten der Wasserscheide in der Formulierung politischer, wirtschaftlicher und kultureller Beziehungen gefördert. Es hat zwar die Formulierung einer autochthonen Kulturpolitik in den verschiedenen afrikanischen Staaten sicher nicht erleichtert, aber auch viel dazu beigetragen, das britische Kulturmonopol zu brechen.

Anmerkungen

(1) Aus Ali A. Mazrui, Political Values and the Educated Class in Africa, London, Heinemann 1978, S. 23

(2) Aus Joseph Conrad, Heart of Darkness, Penguin, London 1964, S. 11

(3) Eine präzise Darstellung der echte wissenschaftliche Forschung behindernden Vorurteile – auch in der neueren Wissenschaft, findet sich in Basil Davidson, The African Genius, Little, Brown & Co., Boston 1969

(4) Sir (später Lord) Frederick Lugard, The Dual Mandate in Tropical Africa, Blackwood, Edinburgh 1926, S. 3

(5) Unter der neuen Schule von Afrikanisten stehen besonders Lucy Mayr und die Chicagoer Schule, Rupert Emerson, Basil Davidson, Georges Balandier hervor, sowie die afrikanischen Staatsmänner und Gelehrten, z. B. Aime Cesaire, Ali Mazrui, Frantz Fanon, Kwamina Bentsi-Enchill, Kwame Nkrumah.

(6) Ein eindringliches Bild des Zusammenwirkens von Missionskirchen, kommerziellen Interessen und politischen Aspirationen in Westafrika findet man in F. H. Hilliard, A Short History of Education in British West Africa, Nelson, London 1956. Geschrieben am Vorabend der Unabhängigkeit der Staaten Britisch West-Afrikas, ist dieses Buch noch ganz von der Selbstgerechtigkeit englischer Kolonialpolitiker durchdrungen, aber voll wertvollen historischen Materials.

(7) Siehe Mazrui, op. cit., S. 21–79

(8) Ibid, S. 21–79

(9) So hieß es z. B. in der Gründungsurkunde des Yaba Colleges in Lagos/Nigerien: „Die Studenten sollen spezielle Ausbildung in jenen Fächern erhalten, die sie befähigen, verantwortliche Positionen in verschiedenen Regierungsstellen einnehmen zu können." Vgl. Hilliard, op. cit., S. 135–145

(10) Z.B. wurde auf wirtschafts-erziehungspolitischer Ebene die einstmalige britische Handelsgehilfenlehre durch Absolvierung amerikanischer Business-School-Typen verdrängt

(11) Aus einer Rede Präsident Nyereres zur Eröffnung der Universität von Dar es-Salaam 1970. J. K. Nyerere, Freedom and Development, Oxford 1974

Dieter Ernst

Technologiepolitik und Strategien des Übergangs zu eigenständiger Entwicklung – Perspektiven für die achtziger Jahre [1]

Die Fragestellung

Die sich verschärfende Krise der Weltökonomie und die daraus resultierenden Strukturwandlungen in den internationalen Wirtschaftsbeziehungen und Machtstrukturen verändern die Ausgangsbedingungen für Entwicklungsstrategien in der Dritten Welt.

Überkommene Produktionsstrukturen und Konsummuster werden durch neue verdrängt, etablierte Hierarchien internationaler Konkurrenzfähigkeit werden brüchig und der ungleiche Zugang zu wissenschaftlichen Erkenntnissen und Innovationsfähigkeiten spielt dabei eine zentrale Rolle.

Dies ist in Rechnung zu stellen, wenn man nach den Realisierungsbedingungen einer Technologiepolitik fragt, die sich die Verbesserung der materiellen und gesellschaftlichen Lebensbedingungen für die bisher unterprivilegierte Bevölkerungsmehrheit zum Ziel setzt.

Wie müßte eine solche Technologiepolitik konzipiert sein, die den sich abzeichnenden Strukturwandlungen der Weltökonomie Rechnung trägt und zugleich die Voraussetzungen schafft für die politische Mobilisierung der gesellschaftlichen Träger einer solchen Politik? Mit anderen Worten: Unter welchen Voraussetzungen kann Technologiepolitik zu einem Instrument einer *Strategie des Übergangs zu eigenständiger Entwicklung* (Self-Reliance) werden?

Inhalt und Form dieser Technologiepolitik hängen von einer Vielzahl von Faktoren ab. In diesem Beitrag werde ich mich auf drei Fragen konzentrieren:

- Was bedeutet Self-Reliance und welche Hauptelemente kennzeichnen eine Strategie des Übergangs zu einem solchen Entwicklungsmuster?
- Welchen Beitrag kann Technologiepolitik zu einem Kernbereich einer Self-Reliance-Strategie leisten, nämlich zur Erfüllung und Befriedigung gesellschaftlicher Grundbedürfnisse?
- Unter welchen Voraussetzungen kann Industrialisierung den Übergang zu Self-Reliance beschleunigen?

Was bedeutet Self-Reliance und welche Hauptelemente kennzeichnen eine Strategie des Übergangs zu Self-Reliance?

Das Konzept der Self-Reliance ist in der entwicklungstheoretischen und politischen Diskussion vielfach mißbraucht und fehlinterpretiert worden. Es erscheint mit daher sinnvoll, auf vier Punkte hinzuweisen:

1. Self-Reliance ist ein entwicklungsstrategisches Ordnungsprinzip, das, im Gegensatz zur vorherrschenden entwicklungspolitischen Doktrin, sich nicht der Erkenntnis verschließt, daß gesellschaftliche Interaktion, vor allem des Tauschs und der Arbeitsteilung, in der Regel zwischen ungleichen Akteuren stattfindet, daß hier also, zusätzlich zum Problem der technologischen und ökonomischen Rationalität Fragen von Macht, Beherrschung und Abhängigkeit eine Rolle spielen. Das Prinzip der Self-Reliance stellt den Versuch dar, dem Schwächeren Handlungsanweisungen für seine Interaktion mit dem Stärkeren an die Hand zu geben. Das Vertrauen auf die, oft neu wieder zu entdeckenden eigenen Ressourcen und Fähigkeiten kann dabei ein wichtiges Hilfsmittel sein.

2. Es wäre verkürzt, wollte man das Prinzip der Self-Reliance ausschließlich auf die außenwirtschaftlichen Beziehungen eines Nationalstaates anwenden. Will zum Beispiel ein Entwicklungsland diese ernsthaft zu seinen Gunsten verändern, setzt dies grundlegende Änderungen im Inneren voraus, also sowohl auf der Ebene der Wirtschaftskreisläufe, als auch auf der Ebene der gesellschaftlichen Beziehungen und des politischen Systems.
   Idealtypisch bedeutet Self-Reliance im Grunde nichts anderes, als daß eine gesellschaftliche Einheit, zum Beispiel ein Land, aber auch eine Region, eine Stadt, ein Dorf, im Extremfall sogar ein Betrieb, ihre Beziehungen mit anderen gesellschaftlichen Einheiten *selektiv* handhabt und sie den Erfordernissen ihrer eigenen Entwicklung unterordnet. Bevor sie mit anderen gesellschaftlichen Einheiten in Beziehungen des Tauschs und der gesellschaftlichen Arbeitsteilung eintritt, sollte sie sich, so die Kernaussage des Prinzips der Self-Reliance, zunächst auf ihre eigenen Ressourcen und Fähigkeiten besinnen. Dies setzt voraus, daß

man diese eigenen Ressourcen und Fähigkeiten kennt und weiß, wie man sie ökonomisch, das heißt unter Vermeidung von Ressourcenvergeudung und unnötigen gesellschaftlichen Kosten, zur Erfüllung gesellschaftlicher Ziele einsetzen kann.

3. Es ist eine Sache, den Idealtypus einer Strategie der Self-Reliance zu bestimmen. Eine andere ist es, in einem konkreten Fall Angaben über die Ausgestaltung einer solchen Strategie und ihren zeitlichen Ablauf zu machen. Es gibt kein allein selig machendes Konzept von Self-Reliance. Welche konkrete Strategievariante gewählt wird, hängt von den historischen und strukturellen Ausgangsbedingungen des betreffenden Landes beziehungsweise der betreffenden Region ab, also
   - vom Entwicklungsniveau der gesellschaftlichen Produktion (Höhe und Struktur des Surplus)
   - vom Entwicklungsstand der gesellschaftlichen Lern- und Innovationsfähigkeiten (wissenschaftlich-technische Infrastruktur; Fähigkeit zur Aneignung und Anpassung importierten technologischen Kernwissens; Fähigkeit zur Reproduktion, Anpassung und Weiterentwicklung wichtiger Investitionsgüter)
   - vom Grad der Weltmarktintegration
   - und schließlich von der Einkommensverteilung, dem Grad der Grundbedarfsbefriedigung und der politischen Partizipation.

4. Für die Ausgestaltung von nationalen Self-Reliance-Strategien ergeben sich daraus folgende Konsequenzen:
   - Entwicklungspolitik beginnt mit der *Ermittlung der gesellschaftlichen Grundbedürfnisse.* Dieses Aufdecken bisher verdeckter und tabuisierter Grundbedürfnisse ist ein mühsamer und politisch äußerst heikler Prozeß. Technokratische Patentlösungen und exzessive „Steuerung von oben" sind fehl am Platz. Die Ermittlung gesellschaftlicher Grundbedürfnisse muß und kann als „gesellschaftlicher Lernprozeß" ablaufen.
   - Die solcherart ermittelten Grundbedürfnisse sind in *effektive,* das heißt mit monetärer Kaufkraft versehene, *Nachfrage* umzuwandeln. Dies setzt nicht nur eine grundlegende Umverteilung vorhandener gesellschaftlicher Reichtümer voraus, sondern vor allem die Neuverteilung der Kontrolle über den zukünftig zu erwirtschaftenden gesellschaftlichen Surplus. Das heißt, ein wesentliches Element einer alternativen Entwicklungsstrategie

ist die *Umwandlung der gesellschaftlichen Nachfrage.*

- Das Pendant zur Grundbedürfnisbefriedigung ist die systematische *Ermittlung und Nutzung der im Land vorhandenen Ressourcen und Fähigkeiten.* Dies bezieht sich unmittelbar auf Bodenschätze, Energiequellen und Agrarprodukte, schließt aber auch die Wiederentdeckung und das selektive Erneuern traditioneller Fähigkeiten (z.B. handwerkliche Fähigkeiten und traditionale Medizin) und die Nutzung dezentralisierter traditionaler Wirtschaftskreisläufe ein.
- Grundbedürfnisbefriedigung und Nutzung eigener Ressourcen und Fähigkeiten sind die beiden *Orientierungsgrößen* für den Einsatz des vorhandenen Produktionsapparates und die Allokation der Bruttoanlageinvestitionen. Sie determinieren den gesellschaftlichen Bedarf an Produktivkräften und damit auch den gesellschaftlichen Bedarf an Technologien.
- Die Realisierung einer solchen Entwicklungsstrategie setzt die *effektive Kontrolle über die im Land stattfindenden Wirtschaftskreisläufe* voraus. Übernahme der Staatsgewalt und Nationalisierung sind dabei notwendige, aber nicht hinreichende Erfolgsbedingungen. Von entscheidender Bedeutung ist die Kontrolle über die einzusetzenden Produktivkräfte und vor allem über den Einsatz der dazu benötigten Technologien.
- Die faktische Kontrolle über nationale Wirtschaftskreisläufe setzt aber voraus, daß zumindest in jenen Teilbereichen, die für eine Steigerung der self-reliance wichtig sind, der übermächtigen Internationalisierungstendenz mit all ihren verheerenden Folgen für nationale Desintegration ein wirksamer Riegel vorgeschoben wird. Das Schlüsselkonzept für politische Maßnahmen in diesem Bereich lautet: selektives Abkoppeln („selective delinking"), wobei die Notwendigkeit *selektiven* Vorgehens nicht nachdrücklich genug unterstrichen werden kann. Kein Land kann auf eine Teilnahme an internationalen Austauschbeziehungen verzichten.

Dies gilt für *alle* Bereiche, also vom Warenhandel bis zum internationalen Kapital- und Technologietransfer. Die entscheidende Frage ist allerdings, ob es gelingt, diese Weltmarktintegration den Erfordernissen der eigenen Entwicklung unterzuordnen. Mit Ausnahme einiger weniger Erdöl exportierender Länder sind Entwicklungsländer hier in einer äußerst schwachen Position, die sich in den letzten Jahren noch weiter verschlechtert hat. Gerade im Kontakt mit multinationalen Konzernen bleibt ihnen gar keine andere Wahl als gezielt Schutzmaßnahmen einzusetzen, bis hin zum Abschotten bestimmter prioritär geförderter Sektoren (z.B. grundbedarfsorientierte Nahrungsmittelproduktion und Basispharmaka).

Der Versuch, im Bereich internationaler Handels- und Kapitalströme erdrückende Herrschafts- und Abhängigkeitsbeziehungen zu diversifizieren, ist aber nur ein Element dieses Konzepts. Entscheidender noch ist die Frage, ob und wie weit es gelingt, beim Aufbau des Industriesektors und bei der Umstrukturierung des Agrarsektors nicht sklavisch den dominanten technologischen Entwicklungslinien zu folgen, wie sie von multinationalen Konzernen der wichtigsten westlichen Industrieländer geprägt werden, und sich weitgehend auch vom technologischen Wettlauf der vorherrschenden Wirtschaftsblöcke abzukoppeln. Nur unter dieser Voraussetzung kann man hoffen, daß Entwicklungsländer bei ihren Versuchen einer Neugestaltung internationaler Austauschbeziehungen zu ihren Gunsten erfolgreich sein werden.

Welchen Beitrag kann Technologiepolitik zu einem Kernbereich einer Self-Reliance-Strategie leisten, der Ermittlung und Befriedigung gesellschaftlicher Grundbedürfnisse?

Ausgangspunkt in einer Mehrzahl von Entwicklungsländern ist eine extrem ungleiche Verteilung sowohl der Einkommen als auch der Kontrolle über die Produktivkräfte. In dieser Situation gilt, daß die nachgefragten Produkte und die angewandten Prozeßtechnologien weitgehend mit den in der OECD-Region entwickelten übereinstimmen werden. Das heißt im Klartext: Bei extrem ungleicher Verteilung der Einkommen und der Kontrolle über Produktionsmittel stehen der Einführung „angepaßter" Produkte und Prozeßtechnologien nahezu unüberwindliche Hindernisse entgegen. Self-Reliance-orientierte Technologiepolitik ist also undenkbar ohne eine planvolle Politik der Einkommensumverteilung und der Vergesellschaftung von Produktivkräften.

Dies heißt natürlich nicht, daß in Klassengesellschaften das Experimentieren mit alternativen Technologien sinnlos wäre. Im Gegenteil — die dadurch erschließbaren gesellschaftlichen Lern- und Innovationsmöglichkeiten können nicht hoch genug bewertet werden. Ohne Zweifel entstehen hier potentielle Brückenköpfe für den

Übergang zu einem Modell alternativer gesellschaftlicher Entwicklung. Nur sollte man derartige Aktivitäten nicht als Substitut betrachten für die primär relevante politische Mobilisierung.

Die gesellschaftliche Nachfrage nach Technologie ist eine Funktion der Nachfrage nach Produkten und Dienstleistungen. Das zweite Kernelement einer auf Self-Reliance ausgerichteteten Technologiepolitik ist also die Ermittlung der gesellschaftlichen Bedürfnisse und die fortschreitende Angleichung von effektiver Nachfrage und gesellschaftlichen Bedürfnissen. Auf dieser Basis erst läßt sich das sogenannte Produktauswahl-Problem lösen. Dabei gilt: Die Wahl des Produkts muß logisch der Technologieauswahl vorausgehen. Das zweite Kernelement ist also die Ermittlung des gesellschaftlich angemessenen Waren- und Dienstleistungskorbs.

Eine Einkommensumverteilung, die darauf abzielt, die effektive Nachfrage der unterprivilegierten Bevölkerungsschichten spürbar zu erhöhen, die also versucht, die effektive Nachfrage den tatsächlich in dieser Gesellschaft vorhandenen Bedürfnissen anzupassen, wird ohne grundlegende Veränderungen der Produkte und der eingesetzten Technologien scheitern.

Änderung eines Produkts umfaßt dabei mehr als nur Anpassungen der Produktgestalt, zum Beispiel der Verpackung; entscheidend sind die neu definierten Anforderungen an seinen Gebrauchswert, an seine Energieintensität, an seinen Bedarf an knappen Rohstoffen und an qualifizierter Arbeitskraft, und schließlich an seine Umweltverträglichkeit. Änderungen der eingesetzten Technologien sind nicht reduzierbar auf die Gegensatzpaare: arbeits- oder kapitalintensiv, Groß- oder Kleintechnologie, hoher oder niedriger Energieeinsatz. All diese Aspekte spielen eine wichtige Rolle — das entscheidende Problem aber ist die Ablösung des heute vorherrschenden technologischen Paradigmas der „Zweiten Industriellen Revolution", das auf einem spezifischen historischen „Wachstumsmodell" basiert, wie es sich nach dem Zweiten Weltkrieg vor allem in den USA, Westeuropa und Japan entwickelt hat. Dieses Wachstumsmodell weist, grob gesprochen, folgende Merkmale auf:

- Träger des Wachstums sind primär die Petrochemie, die Autoindustrie, der Maschinen- und Anlagenbau und die Produktion elektrotechnischer Haushaltsgeräte;
- eine durchmechanisierte und chemisierte Landwirtschaft;
- eine hochgradig zentralisierte und kapitalintensive Infrastruktur, sowohl im produktiven Bereich (Energie; Verkehr; Telekommuni-

kation), als auch im Bereich der sozialen Infrastruktur (Gesundheitswesen und Erziehungssystem) und des Militär- und Polizeiapparates;

- eine ausgeprägte Vergeudung knapper Ressourcen, vor allem von Energie, sowohl in der Produktion als auch im Konsum und eine geringe Fähigkeit, das in Menschen verkörperte Wissen und individuelle und kollektive Innovationsfähigkeiten, gerade der direkten Produzenten, in den Produktionsprozeß zu integrieren;
- und schließlich die fortschreitende Trennung von Hand- und Kopfarbeit im Produktionsprozeß und Organisationsformen der Produktion, die, zumindest bis vor kurzem, durch hochgradig inflexible Automationssysteme und die exzessive Abhängigkeit der Produktionskostensenkung von permanenter Betriebsgrößenausweitung und Marktpenetration gekennzeichnet waren.

Ohne ein selektives Abkoppeln von diesen für westliche Industriestaaten nach wie vor kennzeichnenden Produkten und Technologiesystemen, ist meines Erachtens eine hinreichende Grundbedürfnisbefriedigung und eine spürbare Einkommensumverteilung nicht durchsetzbar. Dies schon allein deshalb, weil die meisten Entwicklungsländer, mit Ausnahme einiger Erdöl exportierender Länder, einfach nicht genügend Ressourcen haben, um dieses Kapital, Arbeitskraft, Energie und Rohstoffe vergeudende Wachstumsmuster zu realisieren.

Die Übersetzung von Bedürfnissen in kaufkräftige Nachfrage

In den meisten Entwicklungsländern hat sich die Kluft zwischen dem gesellschaftlichen Bedarf, oder genauer den Bedürfnissen der unterprivilegierten Bevölkerungsmehrheit, und der effektiven Nachfrage, das heißt derjenigen Nachfrage, die in geldwirtschaftliche Tauschbeziehungen eintreten kann, dramatisch vergrößert. Wachsende Verelendung einerseits und Überkonsumption in einigen städtischen Wachstumspolen andererseits sind die vertrauten Symptome dieser Entwicklung. Benötigt wird eine gezielte und umfassende Politik, die den gesellschaftlichen Bedarf mit der effektiven Nachfrage in Übereinstimmung bringt. Dies impliziert drei miteinander verknüpfte Prioritäten:

- die Feststellung des gesellschaftlichen Bedarfs;
- die Festlegung von Kriterien für die Anpassung der effektiven Nachfrage an den gesellschaftlichen Bedarf;
- die Umstrukturierung des gesellschaftlichen Angebots.

a) Die Feststellung des gesellschaftlichen Bedarfs

a.1.): Ein Beispiel: Die Feststellung des gesellschaftlichen Energiebedarfs

Nehmen wir zum Beispiel den Fall der Energie. Energie ist eine wichtige Bestimmungsgröße der menschlichen Arbeitskapazität. Aber wie soll man den Energiebedarf einer Gesellschaft bestimmen?

Für jede Gesellschaft, die sich um erhöhte Self-Reliance bemüht, ist die Kontrolle über das *Energiesystem* eine kritische Politikvariable. Ich definiere hier „Energiesystem" als die Gesamtheit der gesellschaftlichen, technischen und wirtschaftlichen Aktivitäten, deren Ziel die Befriedigung des Energiebedarfs einer Gesellschaft ist. Geht man von der *Verbrauchsseite* dieses Systems aus, gibt es vier Elemente:

- die Energiekonsumenten;
- den Energieproduktionskomplex, wobei dieser die folgenden Aktivitäten umfaßt: Exploration und Ausbeutung der Primärenergiequellen (z. B. Kohle, Erdöl, Erdgas, Uran, Sonnenenergie), und ihre Umwandlung in Sekundärenergie (z.B. feste und flüssige Brennstoffe, Elektrizität);
- jene Komplementär-Industrien, die das Energieproduktionssystem mit Zwischenprodukten und Investitionsgütern (z.B. Ausrüstung für Stromerzeugung und Verteilung) versorgen;
- Dienstleistungen, die das Energiesystem in die Lage versetzen, zu funktionieren und sich weiterzuentwickeln, einschließlich der Wartungs- und Reparaturarbeiten, und des Forschungs- und Entwicklungssubsystems.

Die Abschätzung des gesellschaftlichen Energiebedarfs und die Festlegung der relevanten Optionen für die Wahl von Energietechnologien ist also eine äußerst komplexe Angelegenheit. Solange man nicht die Hauptakteure des Energiesystems identifiziert, ihre Interessen und die zugrundeliegenden Herrschaftsstrukturen und Muster der Konfliktregulierung, wird man mit diesem Problem kaum vorankommen. Darüber hinaus verlangt die Abschätzung des Energiebedarfs ein grundlegendes Werturteil, nämlich: Wer wird profitieren und wer muß bezahlen? Zum Beispiel wird eine Entwicklungsstrategie, die sich auf die Entwicklung städtischer Eliten in einigen wenigen nationalen Wachstumspolen konzentriert, einen vollständig anderen Energiebedarf produzieren als, sagen wir, eine Strategie, die darauf ausgerichtet ist, die Befriedigung der Grundbedürfnisse der verelendeten und unterprivilegierten Bevölkerungsmehrheit zu verbessern. Der Energiebedarf einer Gesellschaft ist also alles andere als unempfindlich gegenüber dem jeweils vorherrschenden sozioökonomischen Entwicklungsmodell. Dies gilt auch für die Technologie, von der man erwartet, daß sie diesen Energiebedarf erfüllt.

Aber genau dies bleibt bei den vorherrschenden „technokratischen" Ansätzen einer Abschätzung des gesellschaftlichen Energiebedarfs unberücksichtigt. Solche Schätzungen basieren gewöhnlich auf sogenannten „nationalen Energie-Bilanzen". Diese Bilanzen sind zumindest aus vier Gründen äußerst irreführend:

a. Sie befassen sich fast ausschließlich mit der Entwicklung *kommerzieller* Energie, schließen also Holz, Holzkohle und tierische und pflanzliche Abfallstoffe aus, also bis zu 80 % des Primärenergiekonsums in bestimmten Entwicklungsländern;
b. Es handelt sich um aggregierte Zusammenstellungen, die regionale Ungleichheiten nicht berücksichtigen, und dies in Ländern, in denen in der Regel nur ein kleiner Teil des Territoriums an die Transport- und Energieverteilungssysteme angeschlossen ist;
c. Verteilungsprobleme werden vollständig vernachlässig;
d. diese Bilanzen verwischen in der Regel den Unterschied zwischen Primär- und Endkonsum von Energie, das heißt, sie setzen den Energiebedarf gleich mit jenen Quantitäten von Energie, die gegenwärtig zur Befriedigung der Energie-Endnachfrage verwendet werden, ohne dabei das Problem des hinreichenden thermodynamischen Wirkungsgrades zu diskutieren.

Betreibt man die Schätzung des gesellschaftlichen Energiebedarfs als ein technokratisches Planspiel, führt dies höchstwahrscheinlich zu einer Auswahl von Technologien, die mit den Anforderungen von Self-Reliance nicht in Übereinstimmung zu bringen sind. Vor allem in ländlichen Regionen wird man völlig neue Formen einer Bestandsaufnahme des gesellschaftlichen

Energiebedarfs entwickeln müssen. Neben Quanitfizierungsversuchen sollte man vor allem auch qualitative Faktoren beachten, und hier wieder vor allem:

- den thermalen (vor allem für Kochen und Trocknen) und den mechanischen Energiebedarf (für Pumpen und Kraftmaschinen in der ländlichen Industrie);
- jenen Energiebedarf, der so klein ist, daß sich bei gegebenen Energiekosten eine Deckung durch kommerzielle Energiequellen nicht lohnt;
- und schließlich jenen Energiebedarf, der in Regionen abgedeckt werden muß, die oft eine äußerst niedrige Bevölkerungsdichte aufweisen.

Fraglos wird man diese Art von gesellschaftlicher Energiebedarfsabschätzung nur realisieren können, wenn man neue Formen entwickelt für die demokratische Beteiligung der betroffenen Gemeinwesen, und der Bauern und Arbeiter, die durch diese Programme betroffen werden.

b) Kriterien für die Anpassung der effektiven Nachfrage an gesellschaftlichen Bedarf

Auf diesem Gebiet gibt es kaum detaillierte Untersuchungen. Zunächst bieten sich auf einem relativ hohen Aggregationsniveau zum Beispiel folgende Kriterien an:

- Die Bedürfnisse der bisher unterprivilegierten Bevölkerungsmehrheit stehen im Mittelpunkt;
- Der Einsatz und die Entwicklung eigener Ressourcen und Fähigkeiten hat Priorität;
- Die Erwerbsfähigen sind permanent, produktiv und in einer nichtentfremdeten Weise in den gesellschaftlichen Arbeitsprozeß einzugliedern;
- Gesellschaftliche Produktion ist, soweit wie möglich, mit den im Land vorhandenen wissenschaftlich-technologischen Fähigkeiten und Innovationspotentialen zu verknüpfen; eine wichtige Ausgangsbasis für eigenständige gesellschaftlich relevante Innovation ist die selektive Wiederentdeckung und Erneuerung traditionaler handwerklicher Fähigkeiten und ihre Kombination mit den Erkenntnissen moderner Wissenschaft;
- Konsum- und Lebensgewohnheiten sind grundlegend zu verän-

dern; die im lokalen Brauchtum verwurzelten Traditionen können Orientierungshilfe geben, sollten allerdings nicht sklavisch imitiert werden, da sie oft Diskrimination und Ausbeutung voraussetzen (vergleiche die jüngsten Erfahrungen im Iran, wo ein starres Festhalten an traditionalen Normen zum Beispiel die Diskriminierung und Ausbeutung der Frau verstärkt).

Derart allgemeine Kriterien helfen uns aber nicht viel. Benötigt wird jetzt eine Vielfalt von Forschungsansätzen und Fallstudien, die es ermöglichen, diese allgemeinen Kriterien weiter aufzuschlüsseln. Regierungen, die radikal mit den vorherrschenden westlichen Konsummustern brechen wollen, sind auf solch detailliert aufgeschlüsselte Entscheidungskriterien angewiesen, wenn sie herausfinden wollen, mit welchen politischen Instrumenten und Institutionen sie ihre Absicht am ehesten durchsetzen könnten.

Nehmen wir als Beispiel den Ernährungssektor, und hier wiederum die Frage nach der angemessenen Technologiepolitik. Offensichtlich haben hier überkommene Strategiekonzeptionen versagt.

In einer Mehrzahl von Entwicklungsländern wächst heute die Kluft zwischen der effektiven Nachfrage nach Nahrungsmitteln und dem gesellschaftlichen Bedarf, ausgedrückt in Ernährungseinheiten, gesundheitlichen Minimalanforderungen und den Kosten der jeweils vorherrschenden Ernährungsweise. Vor allem US-Konzerne sind gegenwärtig dabei, zahlreiche Länder der Dritten Welt mit einer massiven Werbe- und Produktionskampagne zu überziehen. Dies hat, zusammen mit der globalen Verbreitung „moderner" Verfahrenstechnologien der Nahrungsproduktion, bewirkt, daß, zusätzlich zu der extrem ungleichen Verteilung der Ernährungschancen, die Struktur der in Entwicklungsländern vorherrschenden Ernährungsweise noch weiter pervertiert wird. Gerade auf Grund dieser Entwicklung wird jede ernstzunehmende Politik, die auf nationale Unabhängigkeit im Ernährungsbereich abzielt, der Anpassung der effektiven Nachfrage nach Nahrungsmitteln an den gesellschaftlichen Bedarf eine hohe Priorität zumessen. Wenn man dies in Forschungsanforderungen übersetzt, heißt dies vor allem, daß man systematische Untersuchungen darüber anstellt, wie sich eine Einkommensumverteilung im Zusammenhang mit einer Strategie der Self-Reliance auf die mittel- und langfristige Entwicklung der Ernährungsweise auswirkt. Hat man einmal die für eine solche alternative Ernährungsweise kennzeichnenden Hauptprodukte identifiziert, dann besteht der nächste

Forschungsschritt darin, für jedes dieser Hauptprodukte die gesellschaftlich optimale Technologie bzw. technologischen Entwicklungslinien aufzuspüren, und sie in konkrete Handlungsanweisungen für die jetzt einzuschlagende Technologiepolitik im Ernährungssektor zu übersetzen. Es existieren inzwischen zahlreiche empirische Belege dafür, daß die technologischen Optionen, die den Entwicklunsländern im Bereich der Nahrungsmittelproduktion offenstehen, relativ weitgespannt sind. Dies gilt sowohl für die Anpassung konventioneller Technologien als auch für die Entwicklung neuer, am gesellschaftlichen Ernährungsbedarf ausgerichteter Technologien — allerdings unter einer Voraussetzung: die effektive Nachfrage spiegelt den gesellschaftlichen Bedarf wieder.

c) Die Restrukturierung der Angebotsseite

Zu diesem Punkt gibt es zahllose Lippenbekenntnisse. Aber ohne die Kenntnis des gesellschaftlichen Bedarfs und solange dieser nicht durch die effektive Nachfrage ausgedrückt wird, führen auch die wohlmeinendsten Absichten in eine Sackgasse. Dies ist der gordische Knoten des sogenannten Produktauswahl-Problems, den man nur dann lösen kann, wenn man auf eine Vielzahl von Fallstudien und Befragungen der unmittelbar Betroffenen, also vor allem der ländlichen Armen, zurückgreifen kann.

Benötigt werden also politische Organisationsformen, die es Entwicklungsplanern, Produzenten und Konsumenten ermöglichen, feed-back-Informationen und Lerneffekte über die Entwicklung und Erprobung alternativer technologischer Entwicklungslinien auszutauschen.

d) Implikation für die Auswahl von Produkten und Technologien: Ein hypothetisches Beispiel

Nehmen wir als ein Beispiel ein Land, das eine politische Revolution erlebt hat. Wir nehmen an, daß die neue Regierung versucht, einen Prozeß der wirtschaftlichen und gesellschaftlichen Umwälzung in Gang zu setzen, der die Voraussetzungen schaffen würde für eine an den Bedürfnissen der Unterprivilegierten und dem Prinzip der Self-Reliance ausgerichteten Entwicklungsstrategie. Eine solche Strategie der Self-Reliance beeinflußt ohne Zweifel in entscheidender Weise die Wahl der Produkte und Technologien.

Tabelle 1 soll verdeutlichen, wie man Prioritäts-Kandidaten für die Wahl der Produkte abgrenzen kann.

Tabelle 1: Implikationen einer Strategie der Self-Reliance:
die Wahl der Produkte

a) Konsumgüter

- I. Grundbedarfsgüter (Güter, die zur Befriedigung von Grundbedürfnissen benötigt werden)
  - private
  - öffentliche
- II. Luxuskonsumgüter
  - private
  - öffentliche

b) Investitionsgüter (Wozu werden sie benötigt?)

- I. Zur Produktion von Grundbedarfsgütern
- II. Weiterverarbeitung lokaler Rohstoffe
  - II.1. als Inputs für lokale Landwirtschaft und Industrie
  - II.2. als Inputs für die Produktion solcher Exportgüter, die eine Aneignung von Monopolrenten ermöglichen
- III. zur Produktion von Luxuskonsumgütern
- IV. Inputs für Weltmarktfabriken

Bei den Konsumgütern wird sich die Produktwahl nahezu ausschließlich auf Grundbedarfsgüter, vorzugsweise auf öffentliche, konzentrieren. Bei Investitionsgütern wird sie, ceteris paribus, auf I. und II. beschränkt bleiben müssen.

Nehmen wir einmal an, die wirtschaftlichen, gesellschaftlichen und politischen Hindernisse für eine „angemessene" Produktwahl könnten überwunden werden. Diese Hindernisse sind in der Tat beträchtlich – jede Umwälzung der Produktionsstruktur setzt schwerwiegende Eingriffe in das vorherrschende Wachstumsmodell voraus. Aber selbst dies ist nur ein Teil des Problems, denn eine zweite Ebene von Realisierungshindernissen muß nun berücksichtigt werden. Hier nun kommt das Problem der technologischen Abhängigkeit ins Spiel. Die Kernfrage lautet: Wie eignet sich ein Land jene grundlegenden Kapazitäten im Bereich von Forschung, Entwicklung und Ingenieurwesen an, die es in die Lage versetzen, die vorrangigen Grundbedarfsgüter und Investitionsgüter der Kategorie I. und II. zu produzieren?

Aber auch dies ist wiederum nur ein Teil des Problems, denn jene Prioritäts-Produkte können in der Tat auf Basis unterschiedlicher Technologiesysteme und im Rahmen unterschiedlicher Organisationsformen des Arbeitsprozesses produziert werden. Die heute weltweit vorherrschenden Technologiesysteme und Organisationsformen des Arbeitsprozesses sind in der Regel primär darauf ausgerichtet, die Lohnkosten, das heißt den Preis der Arbeitskraft zu reduzieren. Zur Realisierung dieses Ziels stehen zwei Wege offen: Entweder man vergrößert die Arbeitslosigkeit durch eine Reduktion der zur Verfügung stehenden Arbeitsplätze (jobless growth) oder man betreibt für einen wachsenden Teil der Arbeitskräfte eine gezielte Politik der Dequalifizierung. Verbilligung der Arbeitskraft heißt aber, daß sich die Lebensbedingungen für eine Mehrheit der Weltbevölkerung verschlechtern.

Unser Land muß also, will es die Wahl seiner Technologien dem Ziel der Self-Reliance unterordnen, zwei weitere Kriterien beachten:

- Technologiesysteme und Organisationsweise des Arbeitsprozesses sind so zu wählen, daß das Land seine erwerbsfähige Bevölkerung in den Prozeß der gesellschaftlichen Produktion wieder eingliedern kann.

  Die Fähigkeit der Entwicklungsländer, produktive Arbeitsplätze bereitzustellen, ist gerade im „modernen" Industriesektor langfristig gesunken, was, wie empirisch nachweisbar, im wesentlichen auf die Art der importierten Technologien zurückzuführen ist. Die Wahl von Technologie und Arbeitsprozeß soll es also unserem Land ermöglichen, seine Fähigkeit zur Eingliederung gesellschaftlich nützlicher Arbeitskraft zu erhöhen.

- Gesellschaftliche Kontrolle über Technologie und ihr Einsatz als wichtige Produktivkraft haben nur dann Aussicht auf Erfolg, wenn es gelingt, das Qualifikationsniveau der Arbeitskraft und die in den eingesetzten Technologien und Produktionsmitteln enthaltenen Wissensanforderungen in Übereinstimmung zu bringen. Dies bedeutet natürlich nicht die statische Festschreibung eines gegebenen, in der Regel niedrigen Qualifikationsniveaus. Es handelt sich im Gegenteil um einen Prozeß der dynamischen Wechselwirkung, bei dem Fortschritte im Bereich der Modernität der eingesetzten Technologien abhängen von Fortschritten im Qualifikationsniveau der Arbeitskraft. Die dynamische Konvergenz von Technologie- und Qualifikationsniveau sind die beiden Eckpfeiler erfolgreichen technischen Fortschritts – was nicht ausschließt, daß in bestimmten Perioden durchaus zwischen beiden geplante Ungleichgewichte auftreten können.

  In diesem Zusammenhang sollten Kriterien zur Bewertung von Qualifikationsniveaus mehr umfassen als die bloße Fähigkeit der Arbeitskraft, sich den Erfordernissen des Produktionsprozesses unterzuordnen. Sie sollten vielmehr vor allem auf die Fähigkeit abstellen, diesen Produktionsprozeß zu verstehen, zu kontrollieren und zu reproduzieren. Das bestehende System des internationalen Technologietransfers hat in Entwicklungsländern zu einer wachsenden Dequalifizierung der Arbeitskraft geführt. Genau in dieser wachsenden Dequalifizierung der Arbeitskraft liegt vermutlich der Schlüssel zum Verständnis der technologischen Abhängigkeit – aber genau zu diesem Punkt existieren kaum systematische Forschungsarbeiten.

Unter welchen Voraussetzungen kann Industrialisierung den Übergang zu Self-Reliance beschleunigen?

Industriealisierung ist, zumindest potentiell, ein wesentliches Element sozio-ökonomischer Entwicklung. In der Tat eröffnet Industrialisierung enorme Möglichkeiten, die Entwicklung gesellschaftlich relevanter Sektoren, zum Beispiel der Landwirtschaft, des Transport- und Verkehrswesens, des Energiesektors, des Gesundheitswesens und der sozialen Dienstleistungen, spürbar zu beschleunigen. Mit anderen Worten: Industrialisierung *kann* ein äußerst wirksames Instrument sein, mit dessen Hilfe die Schlüsselelemente der sozioökonomischen Entwicklung eines Landes gegenseitig verstärkt integrierbar werden.

In Wirklichkeit jedoch ging Industrialisierung in der Dritten Welt nahezu ausnahmslos einher mit einer fortschreitenden Desintegration der für sozio-ökonomische Entwicklung zentralen wirtschaftlichen und gesellschaftlichen Kreisläufe, mit all den daraus resultierenden Folgen für Strukturdeformationen, Unterentwicklung und Verelendung. Dies gilt sowohl für die Versuche einer importsubstituierenden Industrialisierung als auch für den Versuch, die Expansion des Exports von Industriegütern in den Mittelpunkt zu stellen.

Die beiden Strategievarianten zugrunde liegende Industrialisierungsdoktrin beruht auf einer extrem vereinfachenden Grundprämisse: Industrialisierung könne nur dann voranschreiten, wenn der Zugang zu Märkten, Technologien und Finanzmitteln gesichert sei.

In dieser Abstraktheit ist diese Aussage nicht nur unbrauchbar, sondern sogar irreführend. Entscheidend sind die konkreten Merkmale, die diese drei Größen unter jeweils unterschiedlichen historischen und strukturellen Ausgangsbedingungen aufweisen müssen, soll dauerhafte Industrialisierung zustandekommen. Wir müssen uns also mit anderen Worten mit vier Grundfragen auseinandersetzen:

- Auf welche Art von gesellschaftlicher Nachfrage hin soll Industrialisierung ausgerichtet sein?
- Welche zentralen Funktionen muß der technische Fortschritt erfüllen?
- Unter welchen Voraussetzungen lassen sich die Finanzierungsanforderungen der Industrialisierung so erfüllen, daß man sich dadurch nicht neue und qualitativ verschärfte Formen der Abhängigkeit einhandelt?
- Und welches sind die Schlüsselindustrien der Zukunft?

Der Primat der Binnenmarktorientierung

Dauerhaft und eigenständig kann Industrialisierung nur sein, wenn es gelingt, ihr die im Binnenmarkt potentiell vorhandene Massennachfrage zu erschließen. Dabei müssen drei grundlegende Voraussetzungen erfüllt werden:

1. Im *Agrarsektor* müssen zum ersten Mal die Voraussetzungen für das *Entstehen einer Massenkaufkraft* geschaffen werden. Eine Grundvoraussetzung dafür ist die radikale Neugestaltung der Eigentumsverhältnisse und der Organisation der landwirtschaftlichen Produktionsprozesse. Dabei steht die Entwicklung kollektiver Formen der Arbeitsorganisation im Mittelpunkt, die es im Rahmen eines langwierigen gesellschaftlichen Lernprozesses ermöglicht, die direkten Produzenten zunehmend an Produktionsentscheidungen und an der Aufteilung des erwirtschafteten Surplus zu beteiligen. Die zweite Grundvoraussetzung ist, daß die Industrialisierung selbst einen deutlichen Beitrag zur Steigerung der landwirtschaftlichen Produktion leistet. Dies setzt voraus, daß man sich über die von der Industrie bereitzustellenden Modernisierungs-Inputs (landwirtschaftliche Geräte und Düngemittel) im klaren ist und über die Art und Weise, wie diese produziert werden sollen. Dabei ist eine der wichtigsten Erkenntnisse der entwicklungstheoretischen Diskussion der letzten 30 Jahre, daß das US-amerikanische Modell der Agrarmodernisierung schon allein aufgrund seiner ungeheuren sozialen Kosten und seiner irreversiblen Umweltschäden als Orientierungsgröße für eine entsprechende Verknüpfung von Industrie- und Agrarsektor auf keinen Fall in Frage kommt.

Wenn man also die effektive Nachfrage der ländlichen Bevölkerungsmehrheit deutlich und auf Dauer steigern will, dann setzt dies zweierlei voraus:

- eine grundlegende Neugestaltung der Produktionsverhältnisse und der Organisationsformen, sowohl industrieller als auch agrarischer Produktion;
- die Neudefinition der für die betreffende Gesellschaft als prioritär einzustufenden Produkte und der Entscheidungskriterien für die Technologieauswahl.

2. Auch in den *Städten* muß das bisher ungenutzte Potential für eine *Erweiterung der Massenkaufkraft* konsequent genutzt werden. Die Tatsache, daß in den meisten städtischen Ballungsräumen der Dritten Welt heute etwa 60 % der dort zusammengepferchten Menschen als „marginalisiert" eingestuft wird, also bisher kaum als effektiver Nachfrager auftritt, zeigt, wie groß das Potential für eine solche Ausweitung der städtischen Massennachfrage ist. Auch hier

stehen Änderungen der Eigentumsverhältnisse und der Organisation des Arbeitsprozesses im Vordergrund. Solange sie aber nicht durch eine völlig neue Politik im Bereich der Produkt- und Technologieauswahl ergänzt werden, könnten sie, auch unter günstigsten Voraussetzungen, nur begrenzte Erfolge erzielen. Gerade in den städtischen Zentren wird ein selektives Abkoppeln von westlichen Konsummustern immer unausweichlicher (Beispiele: die Verdrängung traditionaler Grundnahrungsmittel; die Invasion von Weizenbrot und Babymilchpulver; die Verdrängung der kollektiv getragenen Dienstleistungen durch dauerhafte Konsumgüter).
3.: Schließlich setzt die konsequente Ausrichtung der Industrialisierung auf den Binnenmarkt voraus, daß die Kosten der Industrialisierung niedrig gehalten werden, was überhaupt erst eine Preisfestsetzung ermöglicht, die dem niedrigen Niveau der für die Bevölkerungsmehrheit verfügbaren Realeinkommen entspricht. Das heißt, überhöhte Industrialisierungskosten, wie sie bei dem bisher vorherrschenden Industrialisierungskonzept gängig sind, das weitgehend auf importierten kapitalintensiven Technologien beruht, machen eine konsequente Ausrichtung auf die ländliche und städtische Massennachfrage unmöglich. Ein wesentlicher Bestandteil einer auf den Übergang zu Self-Reliance ausgerichteten Industrialisierungs- und Technologiepolitik ist also der Versuch, jene Produkte und Technologien ausfindig zu machen, die eine deutliche Verringerung der Industrialisierungskosten ermöglichen würden. Dies führt uns zu dem zweiten Hauptproblem, der Frage nach der Rolle des technischen Fortschritts.

Die Rolle des technischen Fortschritts

Technischer Fortschritt ist nicht zeitlos, sondern findet in konkreten Gesellschaftssystemen zu einem konkreten Zeitpunkt statt. Technischer Fortschritt und gesellschaftliche Entwicklung müssen organisch miteinander verknüpft sein. Das heißt, soweit die vorhandenen Produktionsverhältnisse und gesellschaftlichen Organisationsformen die Entfaltung der Lern- und Innovationspotentiale der Gesellschaft hemmen, müssen sie verändert werden, und zwar solange, bis diese Behinderung entfällt. Auf die effektive Kontrolle jener Technologien, die im Prozeß der Industrialisierung zum Einsatz kommen, kann aus zwei Gründen nicht verzichtet werden:

- Zum einen ist nur über effektive gesellschaftliche Kontrolle des technischen Fortschritts eine deutliche Senkung der Industrialisierungskosten zu erreichen.
- Zum anderen kann nur so die Fähigkeit der Gesellschaft zur eigenständigen Reproduktion und Fortentwicklung ihrer Produktivkräfte entwickelt werden.

Technologische Eigenständigkeit hat also eine doppelte Funktion, die in den meisten Reformdiskussionen bisher übersehen wird. So wendet zum Beispiel die Doktrin der „appropriate technology" ihr Augenmerk ausschließlich auf die Frage der Industrialisierungskosten, vernachlässigt aber nahezu vollständig die Fähigkeit zur erweiterten Reproduktion von Technologien und Produktivkräften. Beide Elemente sind aber untrennbar miteinander verknüpft und genau hier scheint mir die zentrale Fragestellung einer alternativen Entwicklungsstrategie angesiedelt zu sein, nämlich: Unter welchen Voraussetzungen lassen sich beide Funktionen, das heißt: Senkung der Industrialisierungskosten und Erweiterung des entwicklungsstrategischen Handlungsspielraums, so weit wie möglich miteinander vereinbaren?

Die Rolle der Industriefinanzierung

Der Aufbau industrieller Fertigungskapazitäten kostet Geld, und die Frage, ob man die benötigten Mittel beschaffen kann und aus welchen Quellen sie stammen, entscheidet oft über die Realisierbarkeit des eingeschlagenen Industrialisierungskonzepts. Zwar sollte man die Finanzierungsfrage nicht verabsolutieren. Andererseits helfen die schönsten Industrialisierungspläne wenig, wenn man nicht die beiden Grundprobleme der Industriefinanzierung im Griff hat:
- Stehen während des gesamten Planungszeitraums genügend Finanzierungsmittel zu hinreichend günstigen Konditionen zur Verfügung?
- Erfolgt die Aufbringung dieser Mittel soweit wie möglich aus dem im Land erzeugten Surplus, kann also Industrialisierung auf Pump vermieden werden?

Im Hinblick auf die Aufbringung der Finanzierungsmittel lassen sich zwei Fälle unterscheiden: zum einen Länder, die strategisch wichtige Rohstoffe, wie zum Beispiel Erdöl, in hinreichend großen Mengen auf dem Weltmarkt verwerten können und die dabei gesicherte Monopolrenten erwirtschaften können. Diese Länder werden ihren für Industriefinanzierung benötigten Surplus vor allem dadurch steigern können, daß sie die Verwertung des (der) entsprechenden Rohstoff(e) auf dem Weltmarkt selektiv betreiben, also ihren eigenen Industrialisierungserfordernissen unterordnen und zugleich versuchen, die Höhe dieses Surplus durch einen Ausbau der im Land stattfindenden Weiterverarbeitungsaktivitäten (materials processing) zu vergrößern. Zweitens Länder, die auf dem Rohstoffmarkt eine schlechtere Position haben. Für diese Länder führt kein Weg an einer prioritären Modernisierung des Agrarsektors vorbei, denn nur im Agrarsektor können sie damit rechnen, den für die Industriefinanzierung benötigten Surplus zu erwirtschaften. Dies heißt natürlich nicht, daß man sich auf ein Konzept der „ursprünglichen sozialistischen Akkumulation" à la Preobraschenskij festlegen muß. Im Gegenteil!

Die historische Erfahrung der Sowjetunion belegt, daß diese Art der Verknüpfung von Agrar- und Industriesektor, oder genauer: die von Stalin realisierte Variante des Preobraschenskij'schen Konzepts eine wirklich dauerhafte Dynamisierung des Agrarsektors verhindern muß (2).

Unter bestimmten Voraussetzungen kann natürlich „Hilfe von außerhalb" eine nicht unerhebliche Rolle spielen. Dabei kommt es allerdings darauf an, die dabei erzeugten finanziellen Abhängigkeiten soweit wie möglich zu diversifizieren und derart niedrig zu halten, daß der entwicklungsstrategische Entscheidungsspielraum dadurch nicht nachhaltig eingegrenzt wird. Denn was helfen die besten Absichten, Industrialisierung an der Befriedigung der Grundbedürfnisse zu orientieren oder sie sogar zu einem Instrument der eigenständigen sozialistischen Entwicklung zu machen, wenn man bei der Aufbringung der dazu benötigten Mittel auf Stützungskredite des IWF und auf Kreditaufnahme auf den „Eurodollar"- und „Asiadollar"-Märkten angewiesen ist! Daß finanzielle Abhängigkeit und eigentständige Industrialisierung unvereinbar sind, belegt unter anderem die jüngste Entwicklung in Tansania (3).

Die gezielte Förderung von „Industrialisierungsindustrien"

Eine hohe Priorität kommt der Ermittlung und gezielten Förderung der sogenannten „Industrialisierungsindustrien" zu, das heißt, jener Industrien, die die optimale Nutzung der einheimischen Bodenschätze ermöglichen, die Befriedigung der Grundbedürfnisse garantieren und die langfristige Optimierung des Wachstumspotentials und der wissenschaftlich-technischen Kapazitäten erleichtern würden. Eine solche Strategie umfaßt unter anderem den gezielten Ausbau der Investitionsgüterindustrie, vor allem des Werkzeugmaschinenbaus und die Entwicklung des Textil- und landwirtschaftlichen Maschinenbaus. Zugleich erfordert sie eine Neuorientierung der Grundindustrien, die die im Land vorhandenen Rohstoffe verarbeiten: der Anteil der sogenannten down-stream-Aktivitäten ist zu erhöhen und ihre Integration mit der industriellen und landwirtschaftlichen Produktion des Landes voranzutreiben. Ein wesentlicher Bestandteil einer solchen Strategie wäre der Versuch, das einheimische Ingenieurswesen und entsprechende Systemberatungskapazitäten auszubauen, besonders im Bereich der pre-investment studies, dem Konstruktionswesen und der chemischen Verfahrenstechnologie. Vor allem aber wird eine solche Strategie darauf abzielen, die eigentlichen „technologischen Bausteine", das heißt, die strategisch relevanten Nahtstellen der im Land eingesetzten Technologien, zu kontrollieren, und zwar über die gesamte Breite ihres sogenannten „Lebenszyklus" (technological life cycle).

Die allgemeinen Prinzipien einer solchen Strategie sind mittlerweile kaum noch umstritten. Wir brauchen jetzt eine ganze Reihe konkreter sektor- und produktspezifischer Fallstudien, die dazu beitragen würden, die wissenschaftlichen und technologischen Anforderungen einer solchen Strategie im Detail zu klären.

Natürlich muß man das Konzept der „Industrialisierungsindustrien" dynamisch fassen. Jede historische Periode und jedes Stadium der sozio-ökonomischen Entwicklung hat ihre eigenen „Industrialisierungsindustrien". Nehmen wir zum Beispiel die Auswirkungen der Kapitalinternationalisierung und der jüngsten weltweiten Verbreitung von Innovationen im Bereich der Mikroelektronik. Ohne Zweifel werden beide Entwicklungen nicht nur die in der Industrie vorherrschenden Verfahrens- und Produkttechnologien berühren, sondern auch die Konsummuster und Lebensgewohnheiten. Darüber hinaus haben sie bereits grundlegende Veränderungen des allgemeinen Wachstumsmusters westlicher Industriegesellschaften in Bewegung gesetzt. Aber auch in einer wachsenden Zahl von Entwicklungsländern sind bereits deutliche Anzeichen für eine einsetzende grundlegende Veränderung der bisher vorherrschenden „Wachstumsmodelle" zu erkennen. Eine neue Generation „industrialisierender Industrien" übernimmt mehr und mehr den Platz der traditionellen Schlüsselindustrien. Symptomatisch für die neuen „Industrialisierungsindustrien" sind zum Beispiel die Elektronikindustrie und die auf den Erkenntnissen der modernen Biochemie basierende Bio-Industrie, während die Stahlindustrie, der Elektromaschinenbau und ein Großteil der chemischen Industrie, unter Einfluß der petrochemischen Industrie heute bereits zu den traditionellen Schlüsselindustrien zu rechnen sind. Die oben genannten Fallstudien sollten sich in erster Linie mit diesem dynamischen Wandel der Industrialisierungsindustrien beschäftigen und den daraus für Prioritäten der Industriepolitik in der Dritten Welt ableitbaren Konsequenzen. Dies dürfte dazu beitragen, die für Entwicklungsländer – sowohl individuell als auch für „Collective Self-Reliance"-Gruppen – vorhandenen Optionen für eine selektive Abkopplung von neuen Formen eines von den OECD-Ländern ausgehenden technologischen Wettlaufs zu identifizieren. Darüber hinaus könnte man erst auf Basis dieser Informationen Industrialisierungsstrategien formulieren und durchsetzen, die eine Unterordnung neuer Technologien unter die Erfordernisse gesellschaftlicher Entwicklung in der Dritten Welt ermöglichen würden.

Schlußfolgerung

Die Unterordnung von Wissenschaft und Technologie unter die Ziele einer Strategie des Übergangs zu eigenständiger Entwicklung ist nicht von heute auf morgen zu erreichen, und schon gar nicht durch Regierungsdekret. Die Herausbildung einer solchen Technologiepolitik ist das Resultat eines langfristigen Prozesses, wobei die Austragung gesellschaftlicher Interessenskonflikte und die Stärkung individueller und kollektiver Lernprozesse und Innovationspotentiale eine zentrale Rolle spielen.

Um „Self-Reliance" zu einer gangbaren Strategie zu machen, reicht es nicht aus, zu wissen, warum welches Ziel angestrebt wird. Man muß auch wissen, *wer* eine solche Strategie in die Wirklichkeit umsetzen kann, das heißt, wer ihre Träger sein können, und *wie* ein entsprechendes Programm anzugehen ist. Dies setzt eine Inventarisierung der vorhandenen gesellschaftlichen Konfliktpotentiale voraus, und zwar besonders unter der Frage, wer die Erzeugung und den Gebrauch des wirtschaftlichen Surplus kontrolliert und damit entscheiden kann, welche technologischen Systeme den Produktionsprozeß dominieren und welche Systeme verdrängt werden.

Die explizite Berücksichtigung interner Verteilungseffekte stellt eine notwendige Voraussetzung dar für das Verständnis der sozialen Konflikte, die mit der Einführung, Verbreitung, Anpassung und Weiterentwicklung von Technologie in einer Gesellschaft verbunden sind. Darüber hinaus ist eine grundlegende Änderung der gegenwärtig in Entwicklungsländern vorherrschenden Bildungssysteme notwendig. In ihrer überwiegenden Mehrheit sind diese in keiner Weise den Erfordernissen des Übergangs zu Self-Reliance angepaßt, sondern verstärken in der Regel noch vorhandene Abhängigkeiten, und zwar sowohl unmittelbar im finanziellen Bereich, als auch mittelbar im Bereich grundlegender Deformationen sozialpsychologischer Verhaltensweisen. Stattdessen sollten Erziehung und Bildung das „Einüben von Self-Reliance" fördern.

Pointiert zusammengefaßt, lautet meine Schlußfolgerung: Solange Technologiepolitik nicht auf den Übergang zu eigenständiger Entwicklung ausgerichtet ist, wird sie kaum nennenswert zur Befriedigung der bisher unterprivilegierten Bevölkerungsmehrheit beitragen können. Umgekehrt setzt die Unterordnung von Wissenschaft und Technologie unter ein derartiges Entwicklungskonzept tiefgreifende Änderungen der wirtschaftlichen und gesellschaftlichen Machtstrukturen voraus und eine Neuorientierung der Staatsfunktionen zugunsten der Unterprivilegierten.

Es wäre verkürzt, derartige Veränderungen nur für die Dritte Welt zu fordern. Solange sie nicht zugleich auch in den wichtigsten Industrieländern stattfinden, und zwar sowohl in der OECD als auch im COMECON, wird der Mißbrauch von Wissenschaft und Technologie nicht enden.

Anmerkungen

1. Dieser Beitrag faßt Resultate eines mehrjährigen Forschungsprojektes zum Thema „Technologische Abhängikeit und Handlungsspielraum für Entwicklungsstrategien" zusammen, das der Verfasser an der Universität Hamburg leitete. Ausführliche Darstellungen finden sich u.a. in folgenden Publikationen des Autors:

- (als Hrsg.) – „The New International Division of Labour, Technology and Underdevelopment – Consequences for the Third World", Campus, Frankfurt/M., New York 1980, 646 Seiten
- „Industrial Redeployment and Control over Technology – Consequences for the Third World", in: D. Ernst (Hg), – „Industrial Redeployment and International Transfer of Technology: Trends and Policy Issues". Sonderheft der Vierteljahresberichte der Entwicklungsländerforschung, Friedrich-Ebert-Stiftung, Bonn, März 1981
- „Restructuring World Industry in a Period of Crisis – The Role of Innovation. An Analysis of Recent Developments in the Semiconductor Industry", 380 Seiten, study prepared for UNIDO, Wien, Dezember 1981
- „Technology Policy for Self-Reliance: Some Major Issues", International Social Science Journal (UNESCO), Vol. XXXIII, Nr. 3, 1981
- „L'age d'or du transfert de technologie touche-t-il à son terme?", Le Monde Diplomatique, Dezember 1981
- „Technical Cooperation amang Developing Countries (TCDC) – A Viable Instrument of Collective Self-Reliance?", Paper presented at the ACAST, UN-CDP, UNCSTD-Symposium on Science and Technology in Development Planning, Mexico City, 28. Mai bis 1. Juni 1979, veröffentlicht in: Victor L. Urquidi (Hg) – „Science and Technology in Development Planning", Pergamon Press, Oxford etc. 1980. Auf Spanisch:
- „La cooperación técnica entre los países en desarrollo: Instrumento viable para el autovalimiento colectivo?", in: Consejo Nacional de Ciencia y Tecnología (CONACYT) – „Symposio de la Ciencia y la Tecnología en la Planeación del Desarrollo", Mecixo City 1981. Auf Deutsch:
- „Technische Zusammenarbeit zwischen Entwicklungsländern (TCDC) – Unter welchen Umständen kann sie zur Stärkung kollektiver Self-Reliance beitragen?", in: Matthies, Volker (Hg) – „Süd-Süd-Beziehungen", Weltforum Verlag, München/London 1982
- „Technology Policy for Self-Reliance", Study prepared for the UNITAR project on „Technology, Domestic Distribution and North-South Relations", New York 1981. Deutsche Kurzfassung „Technologiepolitik und Self-Reliance", in: K. M. Khan (Hg) – „‚Self-Reliance' als nationale und kollektive Entwicklungsstrategie", Weltforum Verlag, München/London 1980
- „The Global Race in Microelectronics – Innovation and Corporate Strategies in a Period of Crisis", Campus, Frankfurt/M. und Basic Books, New York 1982, 285 Seiten

2. Siehe hierzu die klassischen Untersuchungen: Erlich, A. – „The Soviet Industrialization Debate, 1924–28", Harvard University Press, Cambridge/ Mass. 1967 und Carr, E. H., Davies, R. W. – „Foundations of a Planned Economy 1926–1929. Volume One-I", McMillan, London 1969. Einen guten Überblick über Preobraschenskijs Industrialisierungskonzept gibt „The Crisis of Soviet Industrialization. Selected Essays of E. A. Preobraschenskij" (Editor: D. A. Filtzer), White Plains, New York 1980
3. Siehe zum Beispiel D. Martin – „Le socialisme tanzanien aux prises de la dépendence", Le Monde Diplomatique, März 1979

Hermann Spirik

Österreichs Beziehungen zu den Entwicklungsländern im Bereich Bildung und Technologie *)

Einleitung

Unter einem sehr weit gefaßten Begriff kann jeder Erwerb von Fähigkeiten, Fertigkeiten und Kenntnissen als „Bildung" verstanden werden. In der entwicklungspolitischen Diskussion, ganz gleich von welcher Interessenlage aus sie geführt wird, kann man auf dieser unverbindlich formulierten Ebene auch in den meisten Fällen Übereinstimmung bezüglich der Notwendigkeit von Bildung, Ausbildung oder Schulung oder ähnlichem als entwicklungsfördernde Maßnahme feststellen. Andererseits gibt es kaum einen Bereich der Entwicklungshilfe, in dem nicht für ein Pro-Argument mindestens ein Gegenargument parat liegt. Entscheidend ist, daß nicht „Bildung" als solche einen eigenständigen Wert im Entwicklungszusammenhang besitzt. Ebenso wichtig ist die Betrachtung des Bezugsrahmens, in dem sich Bildungsprozesse einbetten. So müssen etwa bei der Frage nach den Prioritäten für Ausbildungsvorhaben die sozialen, wirtschaftlichen, politischen oder kulturellen Zielsetzungen transparent gemacht werden, in deren Dienst sie sich stellen, bevor sie endgültig beurteilt werden können.

Österreichs Beziehungen zu den Entwicklungsländern im Bildungsbereich sind sehr vielfältig. Nicht jede Maßnahme im Bildungsbereich ist deshalb auch schon als Entwicklungshilfe zu bezeichnen, nur weil sie auf ein Entwicklungsland ausgerichtet ist. Ungeachtet müßiger Wortspielereien und Begriffsdefinitionen wird daher im folgenden versucht, verschiedene Aspekte des Themas voneinander abzugrenzen.

---

*) Dieser Beitrag drückt die persönliche Meinung des Autors aus und ist nicht notwendigerweise die Position des Bundeskanzleramtes.

Ausbildung als Komponente in kommerziellen Projekten

In den letzten zehn Jahren haben sich auch für österreichische Firmen vermehrt Gelegenheiten geboten, in wirtschaftlichen Großprojekten mit Entwicklungsländern zusammenzuarbeiten. Österreich liefert was es anzubieten hat, etwa im Industrieanlagenbau. Im Verlauf der kommerziellen Vorverhandlungen wird festgestellt, daß das zu verkaufende Großprojekt nur dann ordnungsgemäß funktionieren kann, wenn es durch ein entsprechend geschultes Personal sachkundig betrieben wird. Da das Projekt mit einheimischen Fachkräften arbeiten können soll, diese aber nicht vorhanden, weil nicht ausgebildet sind, ergibt sich ein Engpaß. Um die Voraussetzungen für das technische Funktionieren der Anlage zu schaffen, ist daher eine mit der Sachlieferung verbundene Ausbildung auf jeder Ebene unbedingt notwendig. Die sogenannten einheimischen Arbeitskräfte müssen an die Technik der Anlage angepaßt werden. Die Ausbildung der einheimischen Fachkräfte in diesem Sinn ist daher eine mittelbare Voraussetzung für das Zustandekommen des Exportgeschäftes und Ausbildung wird eine Komponente des kommerziellen Vertrages. Diese Art von Ausbildungsmaßnahmen gilt daher in der Regel auch nicht als Entwicklungshilfe, genauso wenig wie ein kommerzielles Geschäft als Entwicklungshilfe gilt.

Aspekte wie die kulturellen oder sozialen Voraussetzungen des Entwicklungslandes, das eine Anlage gekauft hat, bleiben hier weitgehend unberücksichtigt. Im Gegenteil, die Nichtanpassung der Entwicklungsländer wird als Entwicklungshindernis rationalisiert: „So sind vielfach Menschen für die Aufgaben der Entwicklung nicht geeignet oder nicht entsprechend ausgebildet. Auch ist die Eignung des Menschen und der Rassen für das Unternehmertum unterschiedlich. Es gibt unter den Entwicklungsländern eine Reihe von Staaten, in denen die für den Unternehmer notwendigen Charaktereigenschaften wie Risikobereitschaft, Eigeninitiativen, Weitblick etc., kaum anzutreffen sind" (1). Dieses aus dem Jahre 1975 stammende Zitat aus einer für die Fortbildung von Lehrern bestimmten Broschüre rationalisiert mit einem offen rassistischen Argument die Unvereinbarkeit zwischen „unserem" Angebot und dem „dortigen" Zustand. Der Bedarf eines Lernprozesses wird einseitig dem Empfänger im Entwicklungsland zugewiesen. Das Angebot einer Ausbildungsmaßnahme im Zusammenhang mit dem kommerziellen Auftrag ist günstigstenfalls ein Konkurrenzvorteil gegenüber anderen

Anbietern, die eine solche Leistung nicht erbringen können oder wollen. Es wäre auch zwecklos, von der Bildungsseite her eine Anpassung der Projektkonzeptionen durchführen zu wollen, etwa mit dem Argument, daß, wenn die Menschen über ihr Tun aufgeklärt werden, sie alles zum Besseren wenden können. Eine Zellulosefabrik, welche die Abwässer ungeklärt in den nächsten Fluß ableitet, wird ihre Abwässer auch dann ungeklärt ableiten, wenn die Belegschaft entwicklungspolitisch bewußt gebildet wurde. Ob die Bildungskomponente eines kommerziellen Projektes als positiv zu bewerten ist, wird letztlich u.a. davon abhängen, wie das Gesamtprojekt entwicklungspolitisch eingeschätzt werden soll.

Österreichs kulturelle Auslandsbeziehungen

Von den Geschäftsrücksichten ökonomischer Sachzwänge befreit, werden zwei österreichische Auslandsschulen, nämlich in Guatemala und in Istanbul mit etwa 30 Millionen Schilling pro Jahr als österreichische Leistung an die OECD gemeldet und als Entwicklungshilfe anerkannt. Durchschnittlich 70 österreichische Subventionslehrer an beiden Schulen werden vom Bundesministerium für Unterricht und Kunst getragen. Eine Schrift des BMfAA aus 1981 erläutert den Bezugsrahmen der österreichischen kulturellen Auslandsbeziehungen (2). Die Ziele der österreichischen Auslandskulturpolitik lassen sich demnach wie folgt zusammenfassen:

- Vermittlung eines aktuellen Österreichbildes;
- Verdeutlichung der Eigenständigkeit der österreichischen Kultur im deutschen Sprachraum;
- Festigung traditioneller kultureller Bindungen (zum Beispiel mit den Nachbarländern);
- gezielte Anbahnung neuer Beziehungen;
- Schaffung menschlicher Kontakte durch Arbeit an gemeinsamen Projekten und dadurch – Leistung eines konkreten Beitrages zur Völkerverständigung.

Die Wege zur Erreichung dieser Ziele sind allerdings nicht genau festgelegt, denn Flexibilität ist ein Gebot. „Abzuwägen sind jeweils die österreichische Interessenlage und die Interessenlage im Empfangsstaat. Nur dort, wo sich die Interessen treffen, werden Veranstaltungen sinnvoll sein; nur qualitativ hochwertige Veranstaltungen sind zielführend" (3).

Weiters heißt es in dieser Schrift: „die kulturelle Präsenz in den Entwicklungsländern müßte verstärkt werden" (4). Tatsächlich sind die Aktivitäten in Entwicklungsländern auch marginal: von den zehn Kulturinstituten befinden sich lediglich drei in Entwicklungsländern, nämlich in Kairo, Istanbul und Teheran. Als Aktivitäten der kulturellen Präsenz in Entwicklungsländern werden Blockseminare zitiert, an denen zwei bis drei Hochschullehrer für 14 bis 21 Tage teilnahmen, etwa in Ägypten, Indien, Kenia, Nigeria und Venezuela. Offensichtlich sind aber nicht nur finazielle Engpässe ein Grund für die minimalen kulturellen Austauschprojekte mit Entwicklungsländern, so wie das Außenministerium dies feststellt, sondern sichtlich auch konzeptuelle Schwächen des oben zitierten Zielkataloges. So kann beispielsweise die Forderung nach „qualitativ hochwertigen Veranstaltungen" aus der Sicht eines austrozentrischen traditionellen Kulturverständnisses neue Wege einer kulturellen Kooperation mit Entwicklungsländern von vornherein ausschließen. Ein Gastspiel des Ballets der Wiener Staatsoper am Bolschojtheater in Moskau und eine Gegeneinladung in Wien erscheint zum Beispiel im Rahmen dieses Konzepts durchaus möglich. Ein ähnliches Kooperationsprogramm mit Obervolta wäre schon deshalb nicht durchführbar, weil es in Ouagadougou keine Staatsoper gibt und eine qualitativ „gleichwertige" Gegenleistung nicht möglich wäre.

In der zitierten Broschüre werden die zwei von Österreich gegründeten und geförderten Auslandsschulen Istanbul und Guatemala als wertvoller Beitrag zum kulturellen Austausch mit den Gastländern bezeichnet. „Sie haben sich durch ihre eigenständigen Konzepte, welche auf die am Ort bestehenden Bildungsbedürfnisse abgestimmt sind, einen überdurchschnittlich guten Ruf erworben. Beide Schulen werden fast ausschließlich von Kindern des jeweiligen Landes besucht; neben der Landessprache ist Deutsch Unterrichtssprache" (5). Die Umsetzung der Ziele einer österreichischen Auslandskulturpolitik sei am Beispiel der österreichischen Schule in Guatemala näher beleuchtet. Neben vielen anderen Details widmet das Jahrbuch 1980 dieser Schule ein Kapitel dem Thema „Lebendige Begegnung mit Österreich" (6).

„Es ist unausbleiblich, daß unsere Schüler und mit ihnen ihre Großfamilien durch die Verbindung mit dem ‚Austriaco' angeregt werden, sich mit dem Land Österreich auseinanderzusetzen, das ihnen vorher, wenn überhaupt, nur als Klischee bekannt war. Allein das führt in vielen Fällen zur bewußten Kontaktaufnahme mit Österreichern und auch zu Reisen in unser schönes Land, um es kennenzulernen" (6). Als Beispiel für eine solche Reise werden Ferien in Österreich geschildert:

„Als das AUA-Flugzeug nach fast 20-stündigem Flug Krems überflog, legte der Pilot die Maschine langsam auf die Seite, um den kleinen Besuchern, die beinahe das ganze Flugzeug füllten, und die Besatzung mit ihrem exotisch angehauchten Deutsch begeisterten, ihre Gaststadt aus der Luft zu zeigen. Im Rathaus von Krems/Stein war der Empfang überwältigend. Freundlichkeit und Liebe strömte den 10–15jährigen, dunkelhäutigen Buben und Mädchen entgegen, die sie den Abschiedsschmerz von ihren Eltern und die Scheu vor dem Unbekannten sofort vergessen ließen. Zusammen mit ihren Gastgeschwistern besuchten die Kinder während der Dauer ihres Aufenthaltes die Schule, ein Umstand, der für sie kein Problem darstellt, da sie die Fächer, die Lehrbücher, die Methoden und die Sprache von ihrer eigenen Schule her kannten" (6).

Bereits an diesen kurzen Absätzen läßt sich die ganze Problematik von unkritischer Kulturübertragung aus Industrieländern in sogenannte Entwicklungsländer thematisieren. In Erklärungen zur Haltung Österreichs zu den Entwicklungsländern wird häufig hervorgehoben, daß Österreich keine koloniale Vergangenheit besäße und dadurch besonders geeignet sei, unvoreingenommen und fast selbstlos Hilfe zu leisten. Das, was ehemaligen Kolonialmächten – wie England oder Frankreich – vorgeworfen werden könne, nämlich eine imperialistische Politik, etwa im Erziehungsbereich durch unkritische Übertragung von Schulmodellen auf sozial, kulturell und wirtschaftlich völlig andere Gegebenheiten zu betreiben, könne man Österreich nicht vorwerfen. Wie unser kleines Beispiel der guatemaltektischen Kinder in Krems/Stein jedoch zeigt, besteht tendenziell überhaupt kein Unterschied zwischen den genannten Vorwürfen und dem Konzept der österreichischen Schule in Guatemala. Die Kinder konnten in Krems/Stein ohne Probleme die Schule besuchen, weil die Schule in Guatemala ein getreues Abbild der österreichischen Errungenschaften ist (7). Zur Vermittlung eines aktuellen Österreichbildes gehörte folgendes Programm: „Ein- bis zweimal wöchentlich wurden die Kinder zu Ausflügen zusammengefaßt, um

Österreich, das Land ihrer Schule, ihrer Lehrer, von dem sie schon so viel gehört hatten, kennenzulernen. Die Gasteltern trugen ihren Teil dazu bei, den Kindern Österreich von seiner besten Seite zu zeigen. Die kleinen Guatemalteken waren begeistert. Besonders beeindruckt waren sie vom Leben der österreichischen Familien, da sie sich begeistert anpaßten und selbst fest mit Hand anlegten, wenn es notwendig war. Eine ganz neue Erfahrung, wenn man bedenkt, daß in Guatemala relativ arme Familien immer ein Dienstmädchen haben" (8). Laut Weltbankatlas 1981 hatte Österreich ein neunmal so hohes Pro-Kopf-Einkommen als Guatemala. Auch ohne statistische Erhebungen läßt sich mit ziemlich hoher Sicherheit behaupten, daß in Österreich relativ arme Familien auf jeden Fall kein Dienstmädchen haben. Umgekehrt dürfte der Schluß nicht so weit hergeholt sein, daß die Schüler der Schule in Guatemala, auch wenn sie aus relativ armen Familien kommen, sicherlich nicht zu den ärmsten gezählt werden können: Wie die Weltbank berichtet (9), sind 1978 lediglich 15 Prozent der in Frage kommenden Kinder in eine weiterführende Schule gegangen, wobei die Besucher der österreichischen Schule hier sicherlich mitgezählt wurden.

„Die Kinder genossen alle Sehenswürdigkeiten, vom Stephansdom über Schloß Schönbrunn, die Schatzkammern, die Kaisergruft, den Volksgarten bis zum Prater. Auch das Wetter spielte mit – es waren wunderschöne Sommertage. Viele Kinder sahen und berührten zum ersten Mal Schnee, als sie einander auf der Gemeindealpe bei Mariazell eine Schneeballschlacht lieferten. Eine Donaufahrt rundete ihren Aufenthalt in Österreich ab" (offenbar diente dieses Programm dazu, den Abbau von Klischees über Österreich fortzusetzen) (10).

Das Ziel, einen konkreten Beitrag zur Völkerverständigung zu leisten, findet seine Erfüllung, „als sie dann nach fünf ereignisreichen Wochen in Wachauer Dirndl und Lederhosen gekleidet, die größtenteils Geschenke ihrer Gasteltern waren, schluchzend von ihren Familien Abschied nahmen", und das eingetreten war, was erhofft wurde: „Es war ein unsichtbares Band geknüpft worden zwischen der österreichischen Schule in Guatemala und Österreich" (10).

Das zitierte Jahrbuch 1980 des „Instituto Austriaco-Guatemalteco" ist eine wahre Fundgrube für weitere Zitate zur Illustration eines liebenswert erscheinenden Österreichischen Miniimperialismus. Nicht nur wurden „getreu dem heimatlichen Muster auch an der österreichischen Schule in Guatemala vor Jahren Wandertage eingeführt" (11), die vor allem seitens der Eltern großes Erstaunen hervorriefen, denn, so berichtet die Chronik: es denkt der Guatemalteke beim Wort „wandern" eher an eine Wanderung per Auto (so er eines hat) oder wenigstens, weil ohnehin schon strapaziös, per Autobus. „Der geneigte Leser darf ruhig schmunzeln" (11), denn das vielfältige Programm der österreichischen Schule in Guatemala bietet nicht nur einen Österreichball mit Eröffnungspolonaise, sondern auch eine trachtenbekleidete Volkstanzgruppe für österreichische Volkstänze.

Ähnlich wie im Fall der Ausbildungsmaßnahmen in kommerziellen Projekten stehen bei der Auslandskulturpolitik offensichtliche österreichische Eigeninteressen im Zentrum. Allerdings fällt der mörderische Konkurrenzdruck weg. Und das Problem besteht darin, entweder gleichwertige Partner zu finden, oder andere zu fast gleichwertigen Partnern zu machen.

Ausbildung als sachlicher Schwerpunkt österreichischer Entwicklungshilfe

Bereits in der Begriffsbestimmung für Entwicklungshilfe betont das dafür vorgesehene Gesetz 1974 (12) die Bedeutung der „Vermittlung von Wissen und Können", wie zum Beispiel die „Bildung, Ausbildung und Betreuung von Angehörigen der Entwicklungsländer", oder etwa „Ausbildung und Einsatz von Entwicklungshelfern und Experten". Auch das Dreijahresprogramm der österreichischen Entwicklungshilfe 1983–1985 setzt als einen sachlichen Schwerpunkt entwicklungsorientierte Ausbildungsmaßnahmen und Technologietransfer fest. Diese „werden als wichtiger Beitrag zur wachsenden Selbständigkeit der Entwicklungsländer angesehen. Österreich wird sich schwerpunktmäßig bemühen, Maßnahmen

- zur Ausbildung von Fachleuten im wissenschaftlich-technischen Bereich,
- im Bereich der Entwicklunsplanung und Verwaltung, einschließlich der Schulung von Fachkräften in Projekten zu fördern.

Um dem brain-drain entgegenzuwirken, sollen Ausbildungsmaßnahmen, soweit sie aus sachlichen Gründen nicht in Österreich durchgeführt werden müssen, durch ähnliche Maßnahmen in Entwicklungsländern ergänzt bzw. längerfristig ersetzt werden.

Als besonders förderungswürdig wird die Ausbildung von Führungskräften und Lehrpersonal sowie von Personen, die bereits in den Arbeitsprozeß integriert sind, angesehen. Ausbildungsmaßnahmen in Österreich sollen spezialisiert und von möglichst kurzer Dauer sein. Der Schulung lokaler Fachkräfte kommt vor allem im Hinblick auf die Übernahme von Projekten der technischen Hilfe in die Eigenverantwortung der Empfängerländer besondere Bedeutung zu" (13).

Die Leistungen, welche diesem sachlichen Schwerpunkt zugeordnet werden könnten, sind ziffernmäßig nicht streng erfaßbar. So ist zum Beispiel anzunehmen, daß zumindest ein Teil der Leistungen von Entwicklungshelfern oder Experten eine Ausbildungsfunktion beinhaltet (zum Beispiel Einschulung von Counterparts). Des weiteren werden in der OECD-Statistik Leistungen berücksichtigt, auf welche die Projektkriterien der bilateralen Technischen Hilfe nicht immer voll zutreffen, wie zum Beispiel im Fall der bereits behandelten österreichischen Auslandsschulen oder im Fall der statistisch errechneten Durchschnittskosten für Studienplätze an Universitäten, welche von Angehörigen der Entwicklungsländer in Anspruch genommen werden. Dem Bericht des Bundeskanzlers an den Nationalrat über die österreichische Entwicklungshilfe vom September 1982 ist zu entnehmen, daß die Förderungsbeiträge für Ausbildungsprogramme zugunsten von Entwicklungsländern aus Mitteln der bilateralen Technischen Hilfe in etwa ein Viertel der dafür vorgesehenen finanzgesetzlichen Ansätze ausmachen (Tabelle 1) (14). Im Durchschnitt lag der größere Teil von Förderungsausgaben in diesem Bereich bei Ausbildungsprogrammen in Österreich. Neben Stipendienprogrammen und der Finanzierung von Kursen, Lehrgängen oder Einzelausbildungsprogrammen, ist hier vor allem die Unterstützung einer Reihe von „Betreuungsorganisationen" für Studierende aus Entwicklungsländern erwähnenswert. Die Ausbildungsmaßnahmen in Entwicklungsländern decken ein weites Spektrum von Aktivitäten ab und reichen von technisch-gewerblichen Schulen über Expertenentsendungen für Ausbildungszwecke bis zur Unterstützung von Alphabethisierungskampagnen. Die Förderungsbeiträge für Ausbildung in Entwicklungsländern haben sich absolut und relativ in den letzten Jahren beträchtlich erhöht.

„Ein breitgestreutes Spektrum der Förderung von Ausbildungsmaßnahmen für Angehörige von Entwicklungsländern ist seit Jahren ein Schwerpunkt der österreichischen Entwicklungshilfe. Im

Durchschnitt werden 4.000 bis 5.000 Studienplätze an österreichischen Universitäten von Studenten aus Entwicklungsländern in Anspruch genommen. Ein weiterer Akzent wird durch die Förderung von spezialisierten Ausbildungsmaßnahmen von möglichst kurzer Dauer gesetzt. Eine Reihe von Lehrgängen oder Kursen wendet sich an Personen mit abgeschlossener Berufsausbildung und Berufserfahrung, um sie mit Kenntnissen und Fertigkeiten vertraut zu machen, welche sie an den Arbeitsplätzen ihrer Herkunftländer direkt verwerten können. Das Angebot solcher Lehrgänge geht weit über den universitären Bereich hinaus. Die Möglichkeiten österreichischer Institutionen, solche Ausbildungen anzubieten, sind aufgrund ihrer Spezialisierung naturgemäß begrenzt und nicht beliebig ausweitbar. Gegen einen vor allem längere Zeit dauernden Ausbildungsaufenthalt in Österreich sprechen überdies die bekannten Effekte des brain-drain" (15).

Ein umfangreicher Katalog von Förderungskriterien wurde von einer Arbeitsgruppe des Entwicklungshilfe-Beirates 1979/80 erarbeitet und soll als Entscheidungshilfe für die Förderung von Vorhaben herangezogen werden.

Dieser Kriterienkatalog stellt hohe Ansprüche und es nimmt Wunder, daß auf seiner Basis überhaupt Förderungsprojekte zustandekommen können. So werden zum Beispiel als besonders förderungswürdig solche Vorhaben angesehen, „die zur Lösung volkswirtschaftlicher Schlüsselprobleme beitragen". Ein zu förderndes Projekt soll „der Situation und den Notwendigkeiten des betreffenden Landes, der betreffenden Region, entsprechen". Projekte, die negative Auswirkungen im Sinne der entwicklungspolitischen Grundsätze und Zielsetzungen erwarten lassen, werden als nicht förderungswürdig bezeichnet. Das Entwicklungsland bzw. der einheimische Träger soll nach Möglichkeit vom Projektbeginn an die Verantwortung für das Projekt tragen und eine quantifizierbare Eigenleistung einbringen. Ein zu förderndes Projekt soll möglichst eine Multiplikatorwirkung aufweisen. Dies gilt grundsätzlich auch für Aktivitäten in Österreich. Es soll vor allem auch direkt oder indirekt die Lage einkommenschwächerer Bevölkerungsgruppen verbessern (16).

Die Problematik der Umsetzung dieser Kriterien sei an folgendem Beispiel näher erörtert:

Beispiel:

Studierende aus Entwicklungsländern an österreichischen Universitäten:

Studenten aus Entwicklungsländern hat es an österreichischen Universitäten auch schon gegeben, bevor es Entwicklungshilfe gab. Um 1960 waren etwa 5.000 ordentliche Hörer aus Entwicklungsländern in Österreich inskribiert, eine Zahl, die sowohl absolut als auch relativ gesehen, im Vergleich zur gesamten Studentenzahl sich seither ständig vermindert hat. Um 1980 waren es etwa 3.800 Studenten. Das größte Kontingent stellten mit etwa 45 % Studierende aus europäischen Entwicklungsländern, nämlich Griechenland, Jugoslawien, Malta, Portugal, Spanien, Zypern und vor allem der Türkei. Eine zweite Gruppe, die etwa 35 % ausmachte, kam aus Ländern des Nahen Ostens einschließlich Ägypten, Iran, Irak, Israel, Jemen, Jordanien, Katar, Libanon, Saudi Arabien und Syrien. Das heißt, daß österreichnahe Länder mit etwa 80 % der ausländischen Studenten aus Entwicklungsländern einen eindeutigen regionalen Schwerpunkt dieser „Bildungshilfe" darstellen.

Afrika, als erklärter Schwerpunkt der bilaterialen Technischen Hilfe, stellt lediglich etwa 10 % und Studenten aus den ärmsten Entwicklungsländern (LLDC) sind lediglich 1 bis 2 % in Österreich. Studenten aus amerikanischen Entwicklungsländern machen zwischen 4 und 5 % aus (Tabelle 2).

Zumindest vom Gesichtspunkt der angestrebten regionalen Schwerpunkbildung des Dreijahresprogrammes für Entwicklungshilfe liegt hier ein völlig anderer Trend vor, der natürlich seine Geschichte hat, die wesentlich älter ist als die der Förderungskriterien für bilateriale Technische Hilfe. Die Studenten aus Enwicklungsländern kommen zum überwiegenden Teil aus eigener Initiative nach Österreich. Eine Steuerung ihrer Auswahl nach entwicklungspolitischen Grundsätzen ist praktisch unmöglich. Lediglich ein Zehntel dieser Studenten erhält eine direkte Förderung einer österreichischen privaten oder öffentlichen Stelle in Form eines Stipendiums. Für diese Gruppe allerdings kommen vor allem sachliche Förderungskriterien voll zu tragen, weniger die regionalen Schwerpunkte. Für die Studenten aus Entwicklungsländern gelten im wesentlichen die Bedingungen wie für andere ausländische Studenten auch. Das heißt, es wird auf ihre spezifischen Bedürfnisse, ihre künftigen Berufschancen in ihren Herkunftsländern, die möglicherweise erforderliche inhaltliche Anpassung des Studiums an die Bedürfnisse ihrer Herkunftsländer de facto nicht eingegangen. Andererseits werden statistisch errechnete durchschnittliche Studienkosten in Höhe von jährlich etwa 270 Millionen Schilling für die Gesamtheit der Studenten aus Entwicklungsländern von der OECD als Entwicklungshilfeleistung anerkannt. Dieser Betrag übersteigt den finanzgesetzlichen Ansatz für bilateriale Technische Hilfe von 1982 (etwa 200 Millionen Schilling) beträchtlich, so daß sich hier die Frage der Gestaltbarkeit von Entwicklungshilfeleistungen nach spezifischen Projektauswahlkriterien sehr eindringlich stellt.

Die Ausbildung, welche diese Studenten an unseren Universitäten bekommen, ist genau die gleiche wie für österreichische Studenten. Schon von diesem Gesichtspunkt her erscheint eine „Anpassung an Bedürfnisse des Herkunftslandes" vom Grundansatz her äußerst problematisch. Auch hier werden die Angehörigen der Entwicklungsländer unter Ausnützung von Teilkapazitäten unserer Universität an den für österreichische Verhältnisse relevanten Wissensstand angepaßt, wobei der automatische Nutzen dieser Ausbildung für das Entwicklungsland implizit angenommen wird, aber in Wirklichkeit ein weitläufiger Dialog zwischen universitärer Ausbildung und Forschung hier und in den Entwicklungsländern eigentlich fehlt. Die immer wieder konstatierten Folgen des brain-drain in Form von Abwanderung der hier ausgebildeten Studenten aus Entwicklungsländern in die Industrieländer, Studienverzögerungen oder Abbrüche mit weitreichenden sozialen Folgen für die Betroffenen oder auch besonders schwierige Reintegrationsprobleme für solche Studenten, die mit besten Absichten in ihre Herkunftländer zurückkehren, sind eine logische Folge dieser Konstellation.

Anmerkung

(1) Hans-Jörg Bauer, Entwicklungshilfe, Sonderheft des IBE-Bulletins, Wien 1975, S. 17
(2) BMfAA, Österreichs kulturelle Auslandsbeziehungen, Wien 1981
(3) ebd., S. 11
(4) ebd., S. 20
(5) ebd., S. 22
(6) IAG (Instituto Austriaco-Guatemalteco), Jahrbuch 1980, Guatemala City, Dezember 1980, S. 203 ff.
(7) Bemerkenswert in diesem Zitat ist aber wiederum, daß die Kinder eine „Scheu vor dem Unbekannten" vergessen mußten, obwohl ihnen durch ihre Schule Österreich eigentlich vertraut sein müßte. Also doch kein völliger Entwurzelungseffekt? Oder die Schule kann die erwünschte Vertrautheit nicht herstellen, deshalb die großangelegte Reise von 20 Stunden Dauer . . .
(8) IAG, op. cit., S. 207
(9) Weltbank, Weltentwicklungsbericht 1981, Washington 1981, S. 192
(10) IAG, op. cit., S. 207
(11) ebd., S. 187
(12) 474 BG vom 10. Juli 1974, BGBl. 131, St. Nr. 474 vom 8. August 1974
(13) BKA(a), Sektion IV, Entwicklungspolitik, Dreijahresprogramm der österreichischen Entwicklungshilfe 1983—1985, Wien, oD, S. 59
(14) BKA(b), Sektion IV, Entwicklunspolitik, Bericht des Bundeskanzlers, Wien, September 1982, S. 33
(15) BKA(b), S. 32
(16) ebd., S. 67 ff.

Tabelle 1: Förderungsbeiträge für Ausbildungsprogramme zugunsten von Entwicklungsländern aus Mitteln der bilateralen Technischen Hilfe (in Mio. öS, gerundet)

	1975	1976	1977	1978	1979	1980	1981
a) Ausbildung in Österreich							
1. Stipendien	12,15	13,00	10,46	11,87	13,11	13,15	9,35
2. Kurse, Lehrgänge, Einzelausbildung	4,51	4,51	4,80	5,37	5,90	5,46	6,52
3. Betreuungsorganisationen	10,02	14,90	12,82	13,92	14,05	14,31	13,92
b) Ausbildung in Entwicklungsländern	14,27	12,36	9,45	5,44	11,22	22,93	29,18
Summe:	40,95	44,67	37,53	37,60	44,28	55,85	58,97

Quelle: Bericht des Bundeskanzlers an den Nationalrat über die österreichische Entwicklungshilfe, September 1982

Tabelle 2: Ordentliche Hörer aus Entwicklungsländern nach Herkunft und Hochschultyp (WS 1980/81)

Herkunft aus EL in	Universitäten Wien, Graz, Innsbruck, Salzbg., Linz, Klagenfurt		TU Wien, Graz, MUL, Boku, Vet.med., WU		Insgesamt	
	n	%	n	%	n	%
Europa (1)	804	41,0	940	50,4	1744	45,6
Afrika (2)	221	11,3	164	8,8	385	10,1
Amerika	122	6,3	58	3,1	180	4,7
Asien	810	41,3	702	37,6	1512	39,6
Insgesamt	1957	100,0	1864	100,0	3821	100,0
Naher Osten (3)	673	34,3	689	36,9	1362	35,6
LLDC	39	2,0	34	1,8	73	1,9

(1) Griechenland, Jugoslawien, Malta, Portugal, Spanien, Türkei, Zypern
(2) ohne Ägypten
(3) Ägypten, Irak, Iran, Israel, Jemen (N), Jemen (S), Jordanien, Katar, Libanon, Saudi-Arabien, Syrien.

Quelle: Österreichischer Auslandsstudentendienst (ÖAD)

Barbara Noël

Die Beziehungen der Europäischen Gemeinschaften zu den Entwicklungsländern im Bereich Bildung und Technologie

Gestern und heute haben wir sehr viel über kulturelle Dependenz gehört, auch Österreichs. Für mich ist das jedoch eher umgekehrt der Fall. Ich denke an die Werke seiner Musiker (Mozart, Haydn, Beethoven, Strauß, Schönberg ...) seiner Schriftsteller (Hofmannsthal, Zweig), Architekten (Otto Wagner, Adolf Loos), Wissenschaftler und Philosophen (der „Wiener Kreis“: um den Physiker Moritz Schlick; Freud . . .). Sie sind in der ganzen Welt bekannt. Besser: nicht nur bekannt, sie sind aufgegriffen worden, integriert, weiterentwickelt worden. Ein stetiger Austausch zwischen Ideen, Personen, Techniken fand statt. Hier haben wir ein wahres Beispiel kultureller Interdependenz, das Gegenteil kultureller Dependenz.

Doch gerade diese Interdependenz, besser: Interaktion, fehlt weitgehend in den Beziehungen zwischen Nord und Süd. Ihre Abwesenheit wird in letzter Zeit mehr und mehr erkannt, und für das Fehlschlagen so mancher Entwicklungsprojekte verantwortlich gemacht. Veranstaltungen, wie Mondiacult, die Weltkonferenz der UNESCO im letzten Sommer in Mexiko, fordern nicht nur die Berücksichtigung der kulturellen Dimension in der Entwicklungspolitik, sondern Hilfe und Zusammenarbeit, um das Wachstum der kulturellen Interaktion zwischen Nord und Süd zu fördern. Diese wachsende Interaktion soll uns vor Krieg, Verletzung der Menschenrechte, Rassismus, Aggression und Neo-Kolonialismus bewahren.

Auch die Europäische Gemeinschaft wird sich der kulturellen Dimension mehr und mehr bewußt, nicht zuletzt unter dem Druck der öffentlichen Meinung, welche über die Gründe des Mißerfolgs europäischer Entwicklungspolitik unterrichtet sein will, sowie der Bemühungen der EWG-AKP Beratenden Versammlung (1). So befindet sich die EG-Entwicklungspolitik zur Zeit im Hinblick auf die kulturelle Dimension an einer Wende: vom Pragmatismus zur bewußten Politik. Deutlich wird dies vor allem bei ihren Überlegungen in den Bereichen „Technologie und Bildung“. Anlaß hierzu bilden die Vorbereitungen für die Verhandlungen eines neuen Abkommens nach Lome II, welche am 1. September 1983 beginnen.

Die Zeit des Pragmatismus

In den 25 Jahren ihres Bestehens hat sich nicht nur die Gemeinschaft verändert und erweitert. Auch ihre Politik gegenüber der Dritten Welt änderte ihr Gesicht zwischen Rom (25. 3. 1957, Yaounde (I: 20. 7. 1963, II: 29. 7. 1969), Paris (Gipfeltreffen 1972: Globalpolitik der Entwicklungshilfe) und Lome (I: 28. 2. 1975, II: 31. 10. 1979).

Zunächst beschränkt auf 17 afrikanische Staaten und Madagaskar sind ihre Beziehungen jetzt weit gefächert. Sie sind jetzt geregelt in weltweiten Maßnahmen, wie Katastrophen- und Nahrungsmittelhilfe, dem allgemeinen Präferenzschema zugunsten sämtlicher Entwicklungsländer, Kooperations- und Handelsabkommen mit Ländern in Asien und Lateinamerika. Doch vielfältiger noch sind ihre Beziehungen geregelt in den regionalen Abkommen mit den Ländern des südlichen Mittelmeerraums und, vor allem, in dem so beispielhaften Lome-Abkommen, welches die Gemeinschaft mit 63 Staaten in Afrika, im karibischen Raum und im Pazifischen Ozean verbindet.

Hier im Lome-Abkommen sind sämtliche Aktionsmittel der EG-Entwicklungspolitik vereint: finanzielle, handelspolitische, technische und strukturelle. Insbesondere legt es größtes Gewicht auf die Zusammenarbeit in den Bereichen „Technologie und Bildung". Immer wieder betont es, daß Ausbildung, Forschung, Technologietransfer und Anpassung geeigneter Technologien gefördert werden sollen, so zur Verbesserung der Kapazitäten des Bergbaus: „Auf Antrag eines oder mehrerer AKP-Staaten führt die Gemeinschaft im Rahmen der technischen Hilfe Maßnahmen zur Stärkung der wissenschaftlichen und technischen Kapazität dieser Staaten auf dem Gebiet der Geologie und des Bergbaus durch, damit sie die verfügbaren Kenntnisse besser nutzen und ihre Forschungs- und Explorationsprogramme entsprechend ausrichten können" (Artikel 58). Im Rahmen der industriellen Zusammenarbeit wird als besonderes Ziel hervorgehoben: Die „Erleichterung des Technologietransfers, Förderung der Anpassung der Technologien an die spezifischen Verhältnisse und Bedürfnisse der AKP-Staaten und Unterstützung dieser Staaten bei der Bestimmung, Beurteilung und Auswahl der für ihre Entwicklung erforderlichen Technologien sowie bei ihren Bemühungen um die Erweiterung ihrer Kapazitäten für angewandte Forschung zur Anpassung der Technologie und der Ausbildung von Industriefacharbeitern auf allen Stufen" (Artikel 66).

Hierbei leistet die Gemeinschaft „mit allen verfügbaren Mitteln der finanziellen und technischen Zusammenarbeit die erforderliche Hilfe bei der Ausbildung in Industrieberufen, einschließlich der Ausbildung in den Industrieinvestitionstätigkeiten, insbesonder der Gemeinschaft und der Mitgliedstaaten, damit die AKP-Staaten die technologischen Kenntnisse und Fähigkeiten erwerben, entwickeln und anpassen können, die für ihr industrielles Wachstum und die Verbesserung der Lebensqualität ihrer Bevölkerung erforderlich sind" (Artikel 68).

Sie hilft bei der Durchführung geeigneter Maßnahmen wie:

- Zulassung von Staatsangehörigen der AKP-Staaten zu Fachschuleinrichtungen und anderen geeigneten Hochschuleinrichtungen;
- Schaffung und Betrieb nationaler und regionaler Einrichtungen oder Zentren der AKP-Staaten für Ausbildung und Forschung;
- Ausarbeitung und Durchführung von Programmen für die industrielle Fachausbildung von Staatsangehörigen der AKP-Staaten auf allen Stufen und Veranstaltung von praxisbezogenen Lehrgängen und Praktika in Unternehmen und Industrien der Gemeinschaft und der AKP-Staaten;
- Konzeption und Förderung von Tätigkeiten zur Konsolidierung geeigneter einheimischer Technologien und zum Erwerb angemessener ausländischer Technologien, insbesondere aus anderen Entwicklungsländern;
- Förderung des Austauschs und anderer Formen der Zusammenarbeit zwischen Universitäten und Fachinstituten der Gemeinschaft und der AKP-Staaten.

Auch bei der Förderung von kleinen und mittleren Industriebetrieben in den AKP-Staaten, insbesondere in Form von gemeinsamen Unternehmungen, soll u.a. auf „die berufliche Grundausbildung und Weiterbildung" und auf „die Bereitstellung angemessener Strukturen für den Transfer, die Anpassung und die Innovation geeigneter Technologien" geachtet werden (Artikel 69).

Die Gemeinschaft hilft insbesondere bei

- „der Aushandlung günstiger Bedingungen für ausländische Technologien, Patente und anderes ausländisches, gewerbliches Eigentum, insbesondere durch Finanzierung und/oder andere geeignete Vereinbarungen mit Unternehmen und Einrichtungen in der Gemeinschaft;
- der Einrichtung von Beratungsdiensten in den AKP-Staaten zur

Unterstützung bei der Ausarbeitung von Vorschriften für den Technologietransfer und die Weitergabe verfügbarer Informationen, insbesondere über die Bedingungen von Technologieverträgen, die Technologiearten und -quellen sowie die Erfahrung der AKP-Staaten und anderer Länder mit der Verwendung bestimmter Technologien;

- der Förderung der technologischen Zusammenarbeit zwischen den AKP-Staaten und zwischen diesen und anderen Entwicklungsländern, um alle besonders geeigneten, wissenschaftlichen und technischen Möglichkeiten, über die jene Staaten gegebenenfalls verfügen, optimal zu nutzen" (Artikel 71).

Auch bei den Infrastruktur- und Energievorhaben sowie bei der landwirtschaftlichen Zusammenarbeit wird ein hoher und dem AKP-Land angepaßter Bildungs- und Technologiegehalt prioritär gefördert (Artikel 72, 76 und 83).

Schließlich wird als prioritärer Anwendungsbereich der finanziellen und technischen Zusammenarbeit „Ausbildung, angewandte wissenschaftliche und technische Forschung, Anpassung oder technische Neuerung, sowie Technologietransfer" (Artikel 93) genannt.

Erwähnenswert ist noch, daß eine Entschließung des AKP-EWG Ministerrats (14. 5. 1982) über Anwendung der finanziellen und technischen Zusammenarbeit, ausdrücklich fordert, daß die angewandten Technologien den Bedürfnissen des Empfängerlandes anzupassen seien, und daß grundsätzlich bei Vorhaben die Selbstentwicklungskapazitäten der Bevölkerung der AKP-Staaten berücksichtigt werden sollte.

Technologie und Bildung sind also ein wichtiger Bestandteil des Lome-Abkommens. Im Gegensatz steht hierzu die kulturelle Kooperation. Diese wird nur einmal ausdrücklich erwähnt, und zwar im Rahmen der landwirtschaftlichen Entwicklungshilfe: Sie soll „zur sozio-kulturellen Entwicklung der Landbevölkerung, insbesondere durch integrierte Aktionen im Bereich der Gesundheit und der Erziehung" beitragen (Artikel 83, Abs. 2e). Indirekt ist sie natürlich auch Bestandteil anderer Aktionen, doch sie fehlt sowohl als eigenes rationelles und zusammenhängendes Programm, wie als Bestandteil der einzelnen Titel des Abkommens.

Technologietransfer und Bildung sind ebenfalls wichtig in den Kooperationsabkommen mit den Ländern des südlichen Mittelmeeres (Marokko, Algerien, Tunesien, Ägypten, Jordanien, Syrien, Libanon und Israel). Hier sieht jedes Abkommen unter anderem ausdrücklich vor:

- Erleichterung des Technologietransfers durch günstige Bedingungen für den Erwerb von Patenten, Lizenzen usw.
- Zusammenarbeit im Bereich der Wissenschaft, der Technologie und des Umweltschutzes, und stellt hierfür finanzielle Mittel zur Verfügung: Unter anderem und mit je nach Abkommen verschiedenen Nuancen, beinhaltet sie technische und berufsbildende Programme in der Industrie, der Landwirtschaft und dem Fremdenverkehr, Schaffung eines Informationszentrums für Entwicklung, Ausbildung, Industrie, Technologie und Handel. Wissenschaftliche Forschung im Bereich Solarenergie, Umweltschutz, elektronische Datenverarbeitung.

In den Kooperationsabkommen mit den Ländern Asiens und Lateilamerikas ist die Hilfe der Gemeinschaft im Bereich Technologie und Bildung jedoch weitgehend unzureichend.

Beiden Arten der Abkommen liegt die kulturelle Dimension höchstens indirekt zugrunde, niemals jedoch explizit.

Vielleicht können einige Zahlen die Größenordnung der Beziehungen der EG im Bereich der Technologie und Bildung charakterisieren. Präzise Zahlen sind natürlich weitgehend unmöglich, weil neben den speziellen Aktionen im Bereich Technologie und Bildung fast alle strukturellen Entwicklungsaktionen ebenfalls technologisch erzieherische Elemente enthalten. Doch bei der Annahme, daß für beide Bereiche weniger als 10 % (7 % für Asien und Lateinamerika) der Gemeinschaftshilfe verwendet werden, ergibt sich folgendes Bild:

Lome I (1975–1980):	350 Mio ECU (2)
Lome II (1981–1985):	560 Mio ECU
Südl. Mittelmeerländer (1977–1981):	64 Mio ECU
Asien/Lateinamerika (1976–1980):	26 Mio ECU

Die Zusammenarbeit der Europäischen Gemeinschaft im Bereich „Technologie und Bildung“ findet also im Rahmen von Kooperationsabkommen statt, von denen Lome zweifelsohne dasjenige ist, welches am weitesten geht, zum Beispiel mit der Bildung von gemeinsamen Institutionen wie den AKP-EWG-Ministerrat, den Botschafterausschuß, die Beratende AKP-EWG-Versammlung. Auf

Lome will ich im folgenden näher eingehen. Unter den von ihm geschaffenen gemeinsamen Institutionen gibt es jedoch keine, die ausschließlich Technologie und Bildung betreffen (3).

So finden wir denn Technologie und Bildung in fast allen Kapiteln des Abkommens und natürlich auch unter den Aufgaben der im Rahmen der landwirtschaftlichen und industriellen Zusammenarbeit geschaffenen oder zu schaffenden Zentren: das *Zentrum für industrielle Entwicklung (ZIE) und das Technische Zentrum für Zusammenarbeit in der Landwirtschaft und im ländlichen Bereich* (beide von Lome II geschaffen jedoch letzteres immer noch nicht realisiert.

Das ZIE wurde speziell geschaffen, um Kontakte zwischen deutschen Investoren und AKP-Firmen herzustellen. Unter anderen erstellt es Durchführbarkeitsstudien zur Errichtung von Industrieunternehmen in den AKP-Staaten, ermittelt Möglichkeiten einer Ausbildung in Industrieberufen und Möglichkeiten für den Erwerb, die Anpassung und die Entwicklung geeigneter Industrietechnologie.

Seit zwei bis drei Jahren stellt es zum Beispiel einen Katalog von verschiedenen Technologien zusammen, die ihm besonders auf die Situation der Entwicklungsländer angepaßt erscheinen.

Dieser Katalog enthält bereits 58 Profilbeschreibungen von Technologien hauptsächlich im Landwirtschafts- und Nahrungsmittelbereich (18), im Bereich der Alternativenergien (11) und der Baustoffe (7).

Dabei geht das ZIE davon aus, daß diese Technologien nur Aussicht auf Erfolg haben, wenn sie sieben Bedingungen erfüllen:

- niedrigen Investitionsgrad
- einfach sind
- wenig Energie verbrauchen
- heimische Rohstoffe gebrauchen
- einer heimischen Nachfrage gegenüberstehen
- arbeitsintensiv und
- billig sind.

Genau das sind aber Bedingungen, die die hochentwickelten und spezialisierten Technologien, welche in der EWG angewandt werden, nicht erfüllen können. Also müssen sie, wollen AKP- und EWG-Firmen im Geschäft bleiben, angepaßt werden.

Alle 58 angepaßten Technologien des Katalogs sind bereits irgendwo in der Welt mit Erfolg angewendet worden. Doch von den

AKP-Ländern ging bisher nur eine schwache Anfrage aus, obgleich das ZIE nicht nur als Ratgeber fungiert, sondern bei jeder Stufe bis zur Fertigstellung des Projekts technisch und finanziell helfen kann. Eine der bis jetzt beliebtesten Technologien betraf die Herstellung von Zement-Kacheln, welche, im Gegensatz zum klassischen Produktionsprozeß (komplexe Technologie, hohe Energiekosten, hochspezialisierte Arbeitskräfte) so einfach ist, daß alle Arbeit manuell geleistet werden kann, daß kein Spezialist gebraucht wird. Außerdem gebraucht sie Material (Gummiförmchen), welches sich nur langsam abnutzt. Die Kosten für eine Produktionskapazität von 55.000 qm/Jahr sind akzeptabel (Investition: 350.000 US-Dollar + 180.000 US-Dollar variable Kosten).

Das ZIE sucht nach weiteren Technologien.

Im Bereich der Bildung kann das ZIE regionale Seminare abhalten, wie zum Beispiel das in Fidschi für die AKP-Staaten des Pazifischen Ozeans, das andere in Kingston für die AKP-Staaten des karibischen Raums, hauptsächlich, um diese Länder über seine Möglichkeiten zur Hilfeleistung zu unterrichten und deren potentielle Entwicklungsbereiche zu ermitteln. Es finanziert aber auch Messen und Ausstellungen.

Die Kommission und die Europäische Investitionsbank unterhalten enge Kontakte mit dem ZIE, um die unternommenen Maßnahmen zu harmonisieren.

Das *Technische Zentrum für Zusammenarbeit in der Landwirtschaft und im ländlichen Bereich* hat die wesentliche Aufgabe, den AKP-Staaten einen besseren Zugang zur wissenschaftlichen und technischen Information im Bereich der landwirtschaftlichen und ländlichen Entwicklung zu geben, insbesondere hinsichtlich der Ergebnisse der landwirtschaftlichen Forschung und Erprobung und der Ausbildung der Führungskräfte.

Zu diesem Zweck muß das Zentrum ein Bindeglied zwischen den den Forschungs- und Fachausbildungseinrichtungen in der Gemeinschaft und in den AKP-Staaten sein. Es wird sich auf die Tätigkeiten dieser Einrichtungen sowie der in dem betreffenden Entwicklungsbereich tätigen internationalen Organisationen stützen und so vermeiden, daß es zu überflüssiger Doppelarbeit kommt.

Die Rechtsvorschriften zur Regelung der Arbeitsweise des Zentrums, die Beschäftigungsbedingungen für sein Personal und seine Haushaltsordnung wurden vom AKP-EWG-Botschafterausschuß im

März 1981 festgelegt. Anfang dieses Jahres wurde auch der Standort des Zentrums festgelegt (Wageningen — Niederlande) und vereinbart, daß sein Direktor ein Staatsangehöriger eines AKP-Staates sein sollte. Doch bis heute steht die letzte Entscheidung über den Beginn der Aktivitäten des Zentrums noch aus.

Soviel zu der institutionellen Regelung der Zusammenarbeit im Bereich „Bildung und Technologie". Wie steht es nun mit der Regelung der sozio-kulturellen Aspekte der Entwicklung?

Die Gemeinschaft wird nicht durch einen spezifischen Titel oder Paragraphen in ihrem Abkommen zur systematischen Einbeziehung der sozio-kulturellen Faktoren gezwungen.

Ganz abwesend ist die Berücksichtigung dieser sozio-kulturellen Faktoren jedoch nicht. Bevor sie ein bestimmtes Projekt finanziert, schätzt sie nämlich dessen Auswirkungen ab und dabei gebraucht sie eine Methode, die auch die Auswirkungen auf die „Operatoren" analysiert, das heißt, die von dem Projekt Betroffenen, neben Staat und Gemeinde, die Haushalte, Familien und Individuen. Doch wieweit diesen Faktoren Wichtigkeit beigemessen wird, hängt von dem Sachbearbeiter ab, der für das Projekt zuständig ist und wieweit dieser sich dieser Wichtigkeit bewußt ist. Das *heißt, die Sache wird ziemlich pragmatisch behandelt.*

So kommt es denn, daß dieser Pragmatismus sowohl Erfolge wie Mißerfolge verzeichnen konnte.

Im folgenden will ich das durch einige Beispiele verdeutlichen, die aus dem Bereich der sozialen Entwicklungshilfe (Bildungs- und Gesundheitswesen, Wasserversorgung, Wohnungs- und Städtebau) gegriffen sind:

Dieser Sektor hat 1981 unter Lome II 17 % der gesamten finanziellen Hilfe bekommen (unter Lome I: 12,4 %). Das ist die Hälfte von dem, was die Gemeinschaft für die Industrialisierung geleistet hat, doch nur 3 % mehr, als für energiewirtschaftliche Vorhaben ausgegeben wurde.

1. Infrastruktur des Bildungs- und Gesundheitswesens

Bei der Durchführung der Vorhaben im Bereich der Infrastruktur des Bildungs- und Gesundheitswesens sind sich die beteiligten Partner mehr und mehr darüber im klaren, wie wichtig die Verwendung von Bauweisen ist, für die weitgehend einheimische Ressourcen herangezogen werden, sowohl was die Baustoffe betrifft, als auch die spezifischen Qualifikationen und das Können der Arbeitskräfte.

a) Der Fall der Erweiterung des Krankenhauses von Kaedi in Mauretanien ist diesbezüglich beispielhaft. Die Ziegel werden aus dem aus dem Bett des Flusses entnommenen Lehm hergestellt. Das Brennen erfolgt in auf der Baustelle gebauten, handwerklichen Öfen, die als Brennstoff das aus einem Agrarvorhaben stammende überflüssige Reisstroh verwenden. Die Bauwerkzeuge (Schubkarren etc.) werden ebenfalls im Lande selbst an Ort und Stelle hergestellt. Außerdem werden einige Ausbauteile, wie Fenster und Türen, Keramikfliesen usw., von einheimischen Handwerkern in ihrer traditionellen Umwelt hergestellt.

Die Ausführung erfolgt in Regie, nur unter Mitwirkung einer ausländischen Fachkraft der technischen Hilfe. Der endgültige Abschluß der Arbeiten muß abgewartet werden, um den endgültigen Erfolg des Vorhabens zu beurteilen, das indessen die gewünschten Wirkungen haben dürfte, das heißt:

- Erstellung eines der Umwelt gut angepaßten und den Gewohnheiten und der Lebensweise der Benutzer entsprechenden Bauwerks, womit seine Instandhaltung und Erhaltung erleichtert wird;
- Verwertung von an Ort und Stelle verfügbaren Baustoffen, was auch Deviseneinsparungen ermöglicht;
- Arbeitsangebot für die Bewohner des Gebiets und praktische Ausbildung des Personals des Gebäudes.

b) Ein weiteres Beispiel war zunächst nicht so erfolgreich, weil man von einer Fehlannahme ausging, nämlich daß bei Vorhaben, die unmittelbar für die Bevölkerung, insbesondere die Landbevölkerung, von Nutzen sind (Krankenbehandlungsstellen, Verbindungspisten) ein Beitrag der Bevölkerung in Form von unbezahlter Arbeit eingesetzt werden kann, um die Kosten der Anlagen zu begrenzen.

In einem ersten AKP-Staat konnte dies bei einem Primärschulvorhaben, dessen einfache Konzeption sich für eine derartige Beteiligung geeignet hätte, mangels entsprechender Motivierung der Bevölkerung nicht verwirklicht werden, und das Vorhaben mußte schließlich von Privatunternehmen ausgeführt werden. Da sich nun die erhofften Einsparungen nicht erzielen ließen, mußte die Zahl der Schulen herabgesetzt werden.

In einem anderen Fall sah der Plan für ein Primärschulprojekt ebenfalls die Beteiligung der Bevölkerung in Form von Arbeit vor. Das Beispiel des Mißerfolgs bei einem durch bilaterale Hilfe finanzierten ähnlichen Vorhaben, bei dem ebenfalls eine Beteiligung der Bevölkerung geplant war, mußte jedoch die zuständigen Dienststellen zu einer genaueren Prüfung des Problems veranlassen. Bei dieser Prüfung konnte festgestellt werden, daß die betreffenden Gebiete Zonen mit starker Auswanderung der männlichen Bevölkerung sind (die Männer suchen Arbeit im Ausland), so daß die im Dorf verbleibende „Arbeitskraft“ aus Frauen und Greisen besteht, die durch die Erzeugung der für die Familien erforderlichen Nahrungsmittel vollzeitlich beschäftigt sind. Die betreffende Regierung gab also ihre Zustimmung zur Ausführung des Vorhabens von Privatunternehmen oder in Regie.

2. *Wasserversorgung*

Neben großen Projekten (darunter ein sehr großes zur Verbesserung der Wasserversorgung von Addis Abeba), finanziert die Gemeinschaft seit 1981 in steigendem Maße kleinere Vorhaben, welche das Leben der Bevölkerung an Ort und Stelle erheblich verändern können.

Bei der Wasserversorgung ländlicher Gebiete, stellte ein Projekt in Obervolta einen gewissen Wendepunkt im Vorgehen der Gemeinschaft in diesem Bereich dar. Mit diesem Vorhaben, das sich auf den Bau von rund 660 Wasserstellen erstreckt, wird nicht nur angestrebt, den Trinkwasserbedarf einer bisher sehr schlecht versorgten Bevölkerung zu befriedigen, sondern auch — und vielleicht vor allem — zu erreichen, daß sich die begünstigten Gemeinwesen durch ihre Mitwirkung bei der Anlage der Bauwerke verantwortlich fühlen und daher später für die korrekte Verwendung der Bauwerke und ihre Instandhaltung sorgen. Ferner werden die Arbeiten mit einer vom Gesundheitsministerium durchgeführten Hygieneerziehungsaktion verbunden. Die ganze Maßnahme basiert auf dem von der Bevölkerung ausgedrückten Wunsch, über eine Wasserstelle zu verfügen, und ihrer, vor der tatsächlichen Inangriffnahme der Arbeiten übernommenen Verpflichtung, sie instandzuhalten.

Dieses Verfahren wurde danach auch bei anderen Vorhaben angewandt. In der Elfenbeiküste beispielsweise beispielsweise wird das Hygieneerziehungsprogramm — das mit Hilfe einer derzeit in Ausführung befindlichen Untersuchung unter Berücksichtigung früherer Erfahrungen im einzelnen festgelegt werden soll — von einer Sensibilisierung für die Probleme des Wassers ausgehen und sich darauf stützen, daß von jedem Dorf zwei freiwillige und unentgeltlich tätige Bewohner benannt werden, die nach einer kurzen Ausbildung mit der Instandhaltung der Wasserstelle und den einfachen Reparaturen beauftragt werden.

3. Bildung und Ausbildung

Ausbildungsvorhaben gibt es in drei verschiedenen Formen, selbst wenn das Instrumentarium für ihre Durchführung das gleiche bleibt:

a) Mehrjahresausbildungsprogramme (für Führungskräfte der AKP-Staaten, welche die technische Hilfe nach und nach ablösen sollen).
b) Spezifische Ausbildungsprogramme (für bestimmte Berufe oder auf dem Gebiet der Forschung, insbesondere Technologie)
c) Teilabschnitte „Ausbildung" von Produktions- und Infrastrukturvorhaben. Das Arsenal der Maßnahmen umfaßt:
   - Gewährung von Studien- und Praktikastipendien
   - Entsendung von Sachverständigen und Ausbildung in den AKP-Staaten
   - Veranstaltung von Ausbildungslehrgängen
   - Lieferung von Lehrmaterial
   - Zusammenarbeit zwischen Ausbildungs- und Forschungsinstituten und Hochschulen.

Zur Rolle der Universitäten ist zu erwähnen, daß diese traditionell schon immer eine große Rolle für die Entwicklung der AKP-Staaten gespielt haben, allein durch die Aufnahme von Studenten aus den AKP-Ländern.

Diese Rolle wird durch die AKP-EWG-Kooperation noch vergrößert, da hierdurch besondere Mittel für gemeinsame Forschungs- oder Bildungsvorhaben zur Verfügung gestellt werden. Erwähnenswert ist zum Beispiel die Zusammenarbeit zwischen den Universitäten von Ife (Nigerien) und Trieste (Italien). Ihr Ziel ist es, angepaßte Technologien für billigen Wohnungsbau zu entwickeln. Andere Projekte sind noch in der Vorbereitung: Zwischen Universitäten in Botswana und den Niederlanden, in Nigerien und in Dänemark.

Was die Stipendien angeht, so findet etwa zwei Drittel der Ausbildung in den begünstigten AKP-Staaten statt, ein Drittel in einem Mitgliedsland der EG, vereinzelt auch in einem anderen Entwicklungsland. Etwa 20.000 AKP-Führungskräfte bekamen bis jetzt ein Stipendium.

Hierbei verfolgt die Gemeinschaft gleichzeitig zwei Ziele:

- Förderung der erforderlichen Forschung und Ausbildung zur Überwindung der durch den Mangel an menschlicher Befähigung verursachten Engpässe, die die Wirksamkeit der Ausrüstungs- oder Entwicklungsvorhaben beeinträchtigen
- Beitrag zum Fortschritt der allgemeinbildenden und fachlich spezialisierten (beruflichen, ländlichen usw.) Bildungs- und außerschulischen Ausbildungssysteme, das heißt, zur Verbesserung der Fähigkeiten, der Organisation, der Pädagogik und des Kosten-Nutzen-Verhältnisses.

Außerdem müßte die Zusammenarbeit in diesem Bereich gemäß der Prioritäten und allgemeinen Regeln im Abkommen von Lome nach folgenden Leitlinien konzipiert sein.

Jedes Vorhaben oder Programm sollte dem begünstigten Land angepaßt sein; jedes der (ganz oder teilweise von der Gemeinschaft) finanzierten Programme und Vorhaben im Rahmen der sektoralen Politik zur Förderung der ländlichen Entwicklung, des Fernmeldewesens und Verkehrs, der Wasserversorgung, der Gesundheit, der Industrie und der Energie, müßte mit Spezialisierungs- und Ausbildungsmaßnahmen verbunden sein;

- die Gemeinschaft sollte beitragen zur Konzeption, Erprobung und Durchführung der *Reformen* der schulischen und außerschulischen Bildungssysteme (und Massenausbildungssysteme), deren Zweck es ist:
  - die menschlichen Ressourcen an der Basis zu mobilisieren und stärker zu valorisieren (darunter diejenigen der Bauern und Bäuerinnen), indem den auf den verschiedenen Ebenen und in den verschiedenen Bereichen ausgebildeten Personen ermöglicht wird, sich unmittelbarer in das Erwerbsleben einzugliedern;
  - die erforderlichen Techniker und Führungskräfte bereitzustellen nicht nur für den öffentlichen Bereich, sondern auch für die Privatwirtschaft und das Genossenschaftswesen;

- die Schaffung oder Verstärkung der nationalen (oder regionalen) Strukturen und Mittel zur Programmierung und Evaluierung, zur pädagogischen Forschung und zur Ausbildung der Ausbilder sollte unterstützt und die Zusammenarbeit zwischen diesen Strukturen gefördert werden, um eine bessere Verbreitung der Erfahrungen, Kenntnisse und Neuerungen zu gewährleisten;
- die Erprobung von Lehrprogrammen, in denen die Kosten je Schüler ohne qualitative Schwächung der Ausbildung verringert wurden, sollte unterstützt werden.

Doch die Evaluierungen in diesem Bereich haben gezeigt, daß die gegenwärtigen Bildungssysteme oft den prioritären Entwicklungsbedürfnissen noch schlecht angepaßt sind.

Ferner kann sich eine zunehmende Zahl ehemaliger Schüler der allgemeinbildenden Primar- und Sekundarschulen, da sie die Studien nicht fortsetzen konnten und keine praktische Ausbildung erhalten hatten, in das Erwerbsleben nicht eingliedern, und so die erhaltene Ausbildung nicht nutzen.

Auch ermöglicht es das gegenwärtige System der „Stipendienprogramme" kaum, dieses Instrument mit den prioritären Zielen zu verbinden.

Und im Hinblick auf die Ausrüstungs- oder Entwicklungsvorhaben, haben einige ihren vollen Nutzen nicht erreicht, weil sie nicht ergänzt wurden durch Programme zur Ausbildung von qualifiziertem Personal, das in der Lage gewesen wäre, sie zu konzipieren, durchzuführen, zu verwalten und instandzuhalten.

Schließlich wird auch die Verbreitung der Auswirkungen von Entwicklungsvorhaben oft durch das niedrige Ausbildungsniveau der Masse der Landbevölkerung oder durch den allzu akademischen Inhalt des allgemeinbildenden Primarschulunterrichts beeinträchtigt.

Ganz global haben Evaluierungen der Gemeinschaftshilfen, welche für Kamerun, Niger, Rwanda und Senegal durchgeführt wurden, gezeigt (1981), daß

- die *Wirksamkeit* der Vorhaben auf die Entwicklung oft begrenzt ist, insbesondere nach Abschluß der Hilfe, durch eine Tendenz zur übermäßigen technischen *Perfektion* und zur übermäßigen Kompliziertheit (insbesondere in den Verwaltungssystemen). Das zieht Schwierigkeiten bei der Übernahme durch das einheimische Personal und allzu hohe Einfuhrkosten im Betriebsstadium nach sich. Außerdem besteht eine Tendenz zur Überinvestition, die sichtbar wird in Mißverhältnissen zwischen dem finanziellen Beitrag der Gemeinschaft zu Investitionen und Entwicklungsmaßnahmen und der Fähigkeit der begünstigten Staaten durch ihre eigenen menschlichen und finanziellen Ressourcen einen befriedigenden und dauerhaften Betrieb der Anlagen mit ordnungsgemäßer Instandhaltung (insbesondere im Straßenbau) zu gewährleisten.

- die *Effizienz* in Hinblick auf das Verhältnis zwischen Ergebnissen und Kosten im allgemeinen gut und nur bei den Produktionshilfeprogrammen unbefriedigend war. Doch hat die Gemeinschaftshilfe oft schwerfällige und kostspielige Institutionen geschaffen, die die Effizienz der Eigenmittel der Staaten begrenzten, sobald sie von diesen übernommen werden müssen. Ferner zielten sie vor allem darauf ab, unmittelbare Wirkungen hervorzubringen, und haben der Steigerung der Selbstentwicklungsfähigkeiten der Bevölkerung und Unternehmen wenig Interesse gewidmet.
  Häufig hat die Gemeinschaft im Interesse der Effizienz Maßnahmen von europäischen Firmen oder Sachverständigen, statt von den nationalen Dienststellen oder auch statt von den lokalen Bevölkerungsgruppen und Unternehmen durchführen lassen, und hat damit die mögliche Steigerung der „Unternehmungsfähigkeit und -bereitschaft" im begünstigten Land begrenzt.
  Insbesondere bei der technischen Hilfe wurde eine geringe Ausbildungsfunktion festgestellt. Sie hatte häufig sogar einen demobilisierenden Effekt bei den einheimischen Führungskräften, so daß die Ablösung nicht befriedigend und vor allem nicht rechtzeitig genug gewährleistet war.
  Vielleicht könnte man zusammenfassend im Hinblick auf die

Vorhaben selbst sagen, daß die kleineren Vorhaben oft tendenziell positiver zu beurteilen sind, als die großen (= Entwicklungsruinen), vielleicht, weil bei dem kleineren Vorhaben die einzelnen Menschen direkter betroffen sind.

Doch diese positiven Elemente sind noch immer nur ein ganz kleiner Teil der EG-Entwicklungshilfe und wirtschaftlichen Zusammenarbeit.

„Vieles" – und hier zitiere ich aus einem Vortrag des AKP-Berichterstatters für Technologietransfer, des Botschafters vom Sudan, S.E. Herrn Sidding, vor der Gruppe der 7 am 23. 4. 1982 (4) – „im Lome-Abkommen läuft Gefahr, nicht mehr als auf kostbarem Papier geschriebene, gelehrte Formeln freizügiger Versprechen zu bleiben . . ., wenn nicht die europäischen Unternehmen alle diese Möglichkeiten voll ausschöpfen . . ., und wenn nicht auch die AKP-Länder selbst aufwachen und ihre Möglichkeiten ausschöpfen. Die Verantwortung liegt bei beiden und ist gemeinsam zu tragen".

Eine Wende in der EG-Entwicklungspolitik?

Was kann nun die Gemeinschaft tun, um ihre Politik effizienter zu gestalten und insbesondere den kulturellen Faktoren besser Rechnung zu tragen?

Der Chasle-Bericht (5) und die Entschließung, von der beratenden AKP-EWG-Versammlung am 30. 9. 1981 angenommen, und in Rom Anfang November 1982 bestätigt, fordern zweierlei:

1. *Systematische Berücksichtigung der sozio-kulturellen Dimension* bei allen Entwicklungs-Aktionen, welche die Gemeinschaft im Rahmen ihrer Zusammenarbeit unternimmt. Dazu gehört insbesondere die Einbeziehung der Rolle der Frauen in der Entwicklung.
2. Eine *komplementäre Zusammenarbeit im Bereich der Kultur,* wobei der Begriff der Kultur ein sehr weitgefaßter ist: er beinhaltet das gesamte Verhältnis des Menschen zu seiner Umwelt, alle Beziehungen innerhalb einer aus Tradition und Wissen hervorgegangenen Gesellschaft, sowie schließlich alle Formen, in denen sich das Wirken des Menschen innerhalb dieser Gesellschaft ausdrückt.

Zu 1: Die systematische Berücksichtigung der kulturellen Dimension ist durchaus auf Grundlage der bestehenden Gesetzgebung (Lome-Abkommen) durchführbar (wie wir eingangs gesehen haben).

Praktisch heißt dies zum Beispiel, daß man das Handbuch für die mit bestimmten Vorhaben beauftragten Sachbearbeiter überprüft und die Instruktionen ändert bzw. ergänzt. Daran wird zur Zeit innerhalb der EG-Dienststellen gearbeitet.

Diesbezüglich interessant ist aber auch eine kürzlich vom Rat verabschiedete Entschließung, künftig der Rolle der AKP-Frauen in der Entwicklung besonders Rechnung zu tragen. Deshalb soll bei der Konzipierung der Entwicklungsvorhaben jetzt immer eine Soziologin hinzugezogen werden.

Zu 2: Die komplementäre Zusammenarbeit im Bereich der Kultur ist jedoch nicht ohne Änderung des bestehenden Abkommens möglich. Das heißt, wenn sie als Prinzip wünschenswert anerkannt wird, ist es am besten, sie in das neue Abkommen nach Lome II einzubauen.

Die Weichen hierzu könnten bereits gestellt sein:

1. Bereits vor 25 Jahren wurde im Römer Vertrag im Artikel 131 dem Gedanken Ausdruck verliehen, daß die europäische Zusammenarbeit (und hier zitiere ich) „die wirtschaftliche, soziale und kulturelle Entwicklung . . ." fördern solle.

2. Das am 5. Oktober 1982 von der Kommission dem Rat vorgelegte Memorandum führt als drittes und viertes prioritäres Ziel an: die „Entwicklung der menschlichen Ressourcen und Berücksichtigung der kulturellen Dimension der Entwicklung" sowie „die Entwicklung der autonomen Kapazitäten in der wissenschaftlichen Forschung und angewandten Technik sowie die Nutzung aller Sparten von Wissenschaft und Technologie für die Zwecke der Entwicklung".

Die Ziele wurden auch vom Rat (22. 11. 1982) positiv beurteilt, so daß die detaillierten Vorschläge für das nächste Abkommen durchaus gemäß dieser Orientierungen verfaßt werden können (Verhandlungsbeginn mit AKP-Staaten: 1. September 1983).

Zu sagen, ob und in welcher Form sich diese kulturelle Zusammenarbeit jedoch ausdrücken wird, ist heute verfrüht, denn kulturelle Zusammenarbeit ist (und hier zitiere ich Botschafter Chasle von Mauritius) „ein Vorhaben, welches voraussetzt, daß sich jeder einzelne seiner Bedeutung voll bewußt ist und welches nur gelingen kann, wenn man alle aktiven Kräfte der Gesellschaft mobilisiert. . . Sie darf nicht nur von den öffentlichen Organisationen getragen werden, nein, sie sollte ein dauerndes und lebendiges Sich-Berühren sein zwischen den Völkern, Institutionen und, vor allem, den Menschen" (6).

So versteht es auch Herr Pisani, Mitglied der EG-Kommission und zuständig für die EG-Entwicklungspolitik, als er am 15. November 1982 in Lome feststellte, daß wir bisher von einem viel zu klassischen von der Wirklichkeit losgelösten Konzept der Kultur ausgingen. „In Wirklichkeit müssen wir viel weiter gehen. Es genügt nicht, sicherzustellen, daß eine technologische Innovation kein bestehendes Gleichgewicht umwirft. Wir müssen Worte, welche unheimlich verschieden scheinen, miteinander synonym machen, nämlich Kultur und Entwicklung. Wenn Entwicklung nur bedeutet, daß man Nahrungsmittel von draußen, Technologien von draußen, Führungshilfen von draußen absorbiert, nicht aber, daß sich ein Volk um seine eigenen Traditionen, sein eigenes Land, seine eigenen Fähigkeiten herum mobilisiert, gerade auch, um diese neuen Techniken zu beherrschen und für sich selbst nutzbar zu machen, — dann gibt es einfach keine Entwicklung".

Diesem gibt es eigentlich nichts hinzuzufügen, es sei denn, daß das Interesse der Europäischen Gemeinschaft selbst an dem Gelingen dieser kulturellen Zusammenarbeit groß ist: Kulturelle Interdependenz, wo jeder sich seiner Identität und Komplementarität bewußt ist, erhöht die Solidarität zwischen den Völkern und kann vielleicht verhindern, „daß die proletarischen Nationen uns eines Tages den Krieg erklären, einfach weil sie nichts sind und nichts zu verlieren haben" (so Senghor anläßlich eines Besuches 1979 in Brüssel). Doch natürlich braucht Europa auch selbstbewußte, leistungsfähige Partner, nicht zuletzt, um ihm aus der gegenwärtigen Krise herauszuhelfen. Doch das ist ein anderes Kapitel . . .

Anmerkungen

(1) Die EWG-AKP Beratende Versammlung ist eines der laut Lome-Verträgen gebildeten Gremien, das von der Europäischen Gemeinschaft und von den afrikanischen, karibischen und pazifischen (AKP) Signatarstaaten des Abkommens beschickt wird.

(2) Der ECU, die europäische Rechnungseinheit errechnet sich aus einem Währungskorb der EG-Währungen. Sie beträgt derzeit etwa 0,9 Dollar.

(3) In dieser Beziehung geht Lome nicht so weit, wie zum Beispiel die Kooperation zwischen EWG und der Arabischen Liga, bei der ein Technologiezentrum beschlossen wurde.

(4) Es handelt sich hier um einen Zusammenschluß von 7 europäischen Industrieverbänden, welche mit Entwicklungsländern arbeiten.

(5) ACP-EEC Consultative Assembly, Working Documents (1981—1982), 25. September 1981, Document ACP-CEE/27/81, Report drawn up on behalf of the Joint Committee on Cultural Cooperation between the ACP States and the European Economic Community, Rapporteur: Mr. R. Chasle.

(6) ibid., Seite 52

Die Autoren

Hans-Joachim BODENHÖFER, Jg. 1941, Dipl.-Volkswirt, Universität Tübingen 1965; Dr. rer.pol., Technische Universität Berlin 1968; Wissenschaftlicher Mitarbeiter des Max-Planck-Instituts für Bildungsforschung Berlin; Assistenzprofessor für Volkswirtschaftslehre an der Technischen Universität Berlin. Vertritt seit 1975 das Fachgebiet Bildungsökonomie an der Universität für Bildungswissenschaften Klagenfurt und ist Vorstand des Instituts für Bildungsökonomie und Bildungssoziologie.
Forschungsschwerpunkte: Hochschulforschung, Arbeitsmarkt und Beschäftigung, Berufsbildung, Bildungsfinanzierung, Entwicklungsländer. Gutachter für Projekte der technischen Zusammenarbeit im Berufsbildungsbereich in mehreren Ländern.

Dieter BRAUNSTEIN, Jg. 1954, Mag. phil. et Dr. phil., 1980 und 1981 Stipendiat des Bundesministeriums für Wissenschaft und Forschung in Paris. Forschungsarbeiten im Übersee- und Außenministerium zur französischen Kolonialgeschichte. Seit Jänner 1982 Direktor der Europäischen Akademie Wien und Generalsekretär der Österreichischen Föderation der Europahäuser (ÖFEH). Vorstandsmitglied des Mattersburger Kreises.
Tätigkeitsbereiche und Forschungsschwerpunkte: Erwachsenenbildung, Kolonialgeschichte, Entwicklungspolitik, Minderheiten und österreichische Arbeiterbewegung.

Dieter ERNST, Jg. 1942, Dipl.-Volkswirt, Dr. rer.pol., seit 1977 Leiter des Projekts „Technologietransfer" an der Universität Hamburg. Beratertätigkeit bei internationalen Organisationen, unter anderen OECD, UNITAR, UNIDO, UNCTAD, UNECE und das UN-Centre on Disarmament. Aktive Mitarbeit an der UN-Conference on Science and Technology for Development, Wien 1979; Mitglied der Pugwash-Arbeitsgruppe, die 1974 den ersten Entwurf eines Kodex für Technologietransfer entwarf; derzeit: UNIDO, Wien.
Forschungsschwerpunkte: Technologietransfer, Auswirkungen der Mikroelektronik, Rüstung und Dritte Welt.

Barbara NOEL, Jg. 1941, Studium der Volkswirtschaft in Marburg, Freiburg und Straßburg. Assistentin an der Universität Straßburg, danach Tätigkeit in der Generaldirektion Haushalt der Europäischen Gemeinschaften, Referentin für Strukturausgaben im Bereich Landwirtschaft und Fischerei. Gegenwärtig beschäftigt in der Generaldirektion Information, Referat für Zusammenarbeit und Entwicklung.

Guy NZERIBE, Mag. rer.soc.oec., Jg. 1955, 1974–75 Tätigkeit bei der Nigerian Radio Corp. als außenpolitischer Kommentator. Studien an der Wirtschaftsuniversität Wien (Sponsion 1982) und der Ecole de Sciences Economiques et Commerciales Angers, Frankreich, 1979–1980: Berater des bayrischen Wirtschaftsministeriums, München; derzeit: Dissertation am Institut für Politikwissenschaft der Universität Wien.

Kunibert RAFFER, Jg. 1951, Mag. und Dr. iur, Mag. und Dr.rer. soc.oec., Univ.-Ass. am Institut für Wirtschaftswissenschaft der Universität Wien. Vorstandsmitglied (Schriftführer) des Österreichischen Informationsdienstes für Entwicklungspolitik (ÖIE). Mitglied des Councils of Advisers des Centres for International Understanding, St. Louis (Miss.); Konsulent der Europäischen Akademie Wien, Mitglied des Mattersburger Kreises.
Forschungsschwerpunkte: Wirtschaftliche Aspekte der Nord-Süd-Beziehungen, Umweltfragen.

Hermann SPIRIK, Jg. 1943, sozialwissenschaftliche Studien Wien, London, Dr. phil., postgraduale Spezialisierung auf Bildungsplanung in Paris, langjährige Mitarbeit in verschiedenen österreichischen Entwicklungshilfeorganisationen, Einsätze in Kamerun und Obervolta im Bereich sozialwissenschaftlicher Grundlagenforschungen für den schulischen und außerschulischen Bildungsbereich; Mitarbeiter im Büro des Österreichischen Informationsdienstes für Entwicklungspolitik (ÖIE). Seit 1979 im Bundeskanzleramt, Gruppe Entwicklungshilfe. Arbeitsschwerpunkte: österreichische Bildungshilfe, Technologietransfer, Organisationsentwicklung.

Charlotte M. TEUBER, Jg. 1923, Dr. phil. in Archäologie und Kunstgeschichte, Innsbruck 1956, Postdoctoral Fellow, Harvard-Radcliff 1957–1958, M.A. in International Affairs, Harvard-Radcliff 1960, Ph. D. in Political Science 1973, Professor der Politikwissenschaft am Emmanuel-College, Boston seit 1971, derzeit: Gastprofessorin am Institut für Politikwissenschaft der Universität Wien.
Forschungsschwerpunkte: Blockfreie und politische Strukturen in den Nachfolgestaaten der europäischen Imperien.

Gewalt am Kind
Hg. Günter Pernhaupt

Gewalt: darunter fällt nicht nur die physische oder psychische Mißhandlung von Kindern. Es geht hier auch um gesellschaftliche Bedingungen. Nicht zuletzt um Kinderfeindlichkeit, um Erziehungsprobleme und gewaltsame Problemlösungsversuche. Alternativen dazu eröffnet nicht allein die Empörung über Einzelfälle, sondern ein Verständnis der strukturellen Zusammenhänge. Darum geht es den Autoren dieses Buches. Unter ihnen: Hans Czermak, Johanna Dohnal, Klaus Horn, Waldemar Molinski, Horst Petri, Günther Strauch, Hans Strotzka.

Bd. 13 Gesellschaftswissenschaftliche Studien im Verlag Jugend & Volk
ca. 250 Seiten S 148,— / DM 22,— / sfr 22,—
ISBN 3324-17713-6